Library of
Davidson College

257

LE MAUVAIS OUTIL

Langue, Sujet et Discours

HORIZONS DU LANGAGE

Sous la direction de André JACOB

──────────── Série « RECHERCHES » ────────────

Dans la même série :

Anne-Marie PELLETIER. — *Fonctions poétiques.* Préface de Michel ARRIVE.

Sous presse :

Jean-Louis GALAY. — *Philosophie et invention textuelle. Essai sur la poétique d'un texte kantien.* Préface de Jean-Luc NANCY.

Série « Problèmes et Perspectives » :

Dominique DUBARLE. — *Logos et formalisation du langage.*

Sous presse :

Jean-Louis HOUDEBINE. — *Langage et marxisme.*

A paraître :

G. G. GRANGER. — *Langage et épistémologie.*

C. PERELMAN. — *L'empire rhétorique.*

Série « Epoques et Cultures » :

A paraître :

A. ROBINET. — *Le langage à l'âge classique.*

PAUL HENRY

LE MAUVAIS OUTIL
Langue, Sujet et Discours

Avec une postface
de OSWALD DUCROT

PARIS
ÉDITIONS KLINCKSIECK
1977

La loi du 11 mars 1957 n'autorisant aux termes des alinéas 2 et 3 de l'article 41, d'une part que les « copies ou reproductions strictement réservées à l'usage privé du copiste et non destinées à une utilisation collective » et, d'autre part, que les analyses et les courtes citations dans un but d'exemple et d'illustration, « toute représentation ou reproduction intégrale, ou partielle, faite sans le consentement de l'auteur ou de ses ayants-droit ou ayants-cause, est illicite » (alinéa 1er de l'article 40).

Cette représentation ou reproduction, par quelque procédé que ce soit, constituerait donc une contrefaçon sanctionnée par les articles 425 et suivants du Code Pénal.

ISBN 2-252-01930-1

© Editions Klincksieck 1977.

Pour M. L.

Les langues d'usage souffrent de ce défaut que l'on peut y former des expressions qui, si l'on examine la forme grammaticale, semblent déterminées et bonnes à désigner un objet, alors que, dans certains cas, cette détermination fait défaut car elle dépend de la vérité d'une proposition.
G. FREGE

Je dis toujours la vérité : pas toute parce que toute la dire, on n'y arrive pas. La dire toute c'est impossible, matériellement : les mots y manquent. C'est même par cet impossible que la vérité tient au réel.
J. LACAN

AVANT-PROPOS

LA PRESUPPOSITION ET LA CONFIGURATION EPISTEMIQUE DE LA LINGUISTIQUE

C'est dans l'œuvre de Frege, dans un article paru dans la *Zeitschrift für Philosophie und philosophische Kritik* et consacré à l'analyse des rapports entre *sens* et *référence* que la notion de *présupposition* s'est trouvée investie d'une valeur théorique et concrète qui marque le début de son élaboration. Il faut cependant reconnaître, bien que la plupart des logiciens puis des linguistes qui se sont intéressés à la présupposition aient pris l'habitude de se référer à ce texte de Frege, que la notion n'y est introduite que de manière latérale. Dans ce texte, Frege écrit que « les langues d'usage souffrent de ce défaut que l'on peut y former des expressions qui, si l'on examine la forme grammaticale, semblent déterminées et bonnes à désigner un objet, alors que, dans certains cas, cette détermination fait défaut car elle dépend de la vérité d'une proposition ». Ainsi, par exemple

   Le pays européen qui a des frontières communes avec dix
   autres pays différents

ou, si l'on préfère

   La suite de nombres réels qui converge le plus lentement

sont des expressions qui, pour reprendre les termes de Frege, semblent désigner un objet alors qu'en fait ces expressions n'ont pas de référence. Toujours selon Frege, cela tient au fait que les propositions suivantes

   Un pays européen a des frontières communes avec dix
   autres pays différents

et
> Une suite de nombres réels converge plus lentement que toutes les autres suites de nombres réels

sont fausses.

Si maintenant nous considérons la phrase
> Le pays européen qui a des frontières communes avec neuf autres pays différents est l'Allemagne fédérale

c'est à propos de la proposition
> Un pays européen a des frontières communes avec neuf autres pays différents

que Frege introduit l'expression *verausgesetzt* que l'on traduit généralement par *présupposé*. Selon lui, cette proposition n'est pas contenue dans la phrase globale, elle est seulement présupposée par elle de la même façon que dans
> Kepler est mort dans la misère

il est présupposé que le nom propre Kepler désigne quelque chose, mais cela ne fait pas partie du « contenu » de cette phrase. Ce rapprochement entre noms propres et expressions qui, sur la base de leur forme grammaticale, semblent déterminées et propres à désigner un objet, est fondé sur le fait que les présupposés sont communs à une assertion et à l'assertion contraire (*X n'est pas mort dans la misère* comme *Le pays européen qui a des frontières communes avec d'autres pays différents n'est pas X*). Il semblerait donc que les présupposés échappent à la contre-assertion, ce qui évidemment pose un problème logique quand on a en vue la question de la vérité des propositions. Toutefois, le point essentiel n'est pas là ; au-delà de leur ressemblance, Frege établit une distinction entre noms propres et expressions grammaticales qui introduisent des présupposés ; c'est que pour les noms propres, l'existence ou la non-existence d'une référence repose sur l'*évidence* alors que pour ces expressions, elles font intervenir un jugement qui lui ne repose pas forcément sur l'évidence, comme c'est le cas pour l'exemple ci-dessus des suites de nombres réels. C'est là que Frege voit un *défaut* des langues d'usage : l'existence d'expressions grammaticales qui introduisent des présupposés serait responsable du fait qu'on peut parler très sérieusement et très logiquement de choses

avant-propos

qui n'existent pas au sens fort mais, si l'on peut dire, seulement verbalement ou dans la pensée.

Nous retrouvons là le problème de fond dont traite Frege ; il s'agit d'empêcher l'illusion ou la fiction de s'immiscer dans le langage quand celui-ci vise la connaissance, la vérité. Avant Frege, les logiciens avaient avant tout insisté sur les ambiguïtés du langage ; Frege pose une question nouvelle en ce qu'il montre que la grammaire, et pas seulement le lexique à travers les questions de référence, est telle que la langue permet de créer un monde de fictions, de donner l'apparence que des objets existent alors qu'ils n'existent pas.

Depuis lors la notion de présupposition a connu bien des avatars. Souvent détachée de la valeur conceptuelle que lui avait conférée Frege, recouverte par des interprétations spontanées, elle refait aujourd'hui irruption dans la linguistique et la théorie du discours où elle ne sert le plus souvent, par basculement incessant de sa valeur conceptuelle à ses interprétations spontanées, qu'à boucher des trous, à occulter des difficultés théoriques et pratiques rencontrées en ces matières. En même temps la question semble avoir été déplacée ; elle ne porte plus sur les rapports de la connaissance et de l'illusion dans le langage, mais sur ceux de la sémantique et de la syntaxe dans la grammaire, de la langue et du discours dans le langage. La question de la présupposition peut donc être considérée comme un symptôme propre à faire apparaître un certain nombre de problèmes théoriques fondamentaux que rencontre la linguistique aujourd'hui, problèmes qui tournent autour de deux questions clefs : la sémantique et l'énonciation. A ce seul titre les travaux des linguistes sur la présupposition méritent un examen approfondi. A cela vient s'ajouter ce qui découle de la place qu'occupe aujourd'hui la linguistique par rapport à toute une série de domaines. Enfin, même si sa formulation n'est plus acceptable aujourd'hui, la question de Frege demeure. La consolidation des positions matérialistes en épistémologie et en histoire des sciences transforme les points de vue sur ce que Frege appelait science (et illusion), à commencer par ce qui concerne la linguistique elle-même et la caractéristique de son objet.

*
* *

Déjà chez Saussure, on peut repérer une ambiguïté à ce propos. On lit dans le *Cours de Linguistique générale*, que « c'est la langue qui fait l'unité du langage »[1], que « la langue est un tout et un principe de classification. »[2] Cette manière de concevoir la langue se rattache aux préoccupations épistémologiques auxquelles Saussure, pour instituer la linguistique comme science, a accordé, comme Marx dans son domaine propre, tant d'importance. Mais à côté de cela, on peut lire dans le *Cours* que la langue est une institution sociale, « un trésor déposé par la pratique de la parole dans les sujets appartenant à une même communauté, un système grammatical existant virtuellement dans chaque cerveau, ou plus exactement dans les cerveaux d'un ensemble d'individus puisqu'elle n'est complète dans aucun. Dans le *Cours de Linguistique générale* apparaît ainsi ce qu'il faut reconnaître comme une contradiction au sens matérialiste du terme. Tout en identifiant *social* et *essentiel* comme étant de l'ordre de la langue, *individuel* et *accessoire* « ou plus exactement accidentel », comme étant de l'ordre de la parole, tout en pensant que « la langue n'est pas fonction du sujet parlant »[4], Saussure réintroduit la subjectivité dans la langue dès qu'il est question de significations, notamment à propos de l'analogie. On lit en effet dans le *Cours* que tout en étant d'ordre grammatical, « l'analogie est d'ordre psychologique (...), elle suppose la *conscience* et la *compréhension* d'un rapport unissant les formes entre elles (...), la création qui en est l'aboutissement ne peut appartenir d'abord qu'à la parole, elle est l'œuvre occasionnelle d'un *sujet isolé*. »[5]

Au lieu de voir là la nécessité d'un mariage de la grammaire et de la psychologie (ce qu'on veut nous octroyer avec le développement de la psycholinguistique), on constatera seulement qu'avec le *sens* revient le *sujet* en même temps qu'affleure une contradiction que Saussure articule sur les

---

1. Ferdinand de Saussure, *Cours de linguistique générale*, p. 25.
2. *Ibid.*, p. 27.
3. *Ibid.*, p. 30.
4. *Ibid.*, p. 31.
5. *Ibid.*, p. 26.

avant-propos

oppositions de la langue et de la parole, du collectif et de l'individuel, du social et du psychologique, de l'essentiel et de l'accessoire, de l'homogène et de l'hétérogène, du tout unifié et du divers, etc... Il s'agit donc d'une contradiction fondamentale dont on peut dire qu'elle fait partie intégrante de la coupure saussurienne sanctionnant *après-coup* l'avènement de la scientificité dans la linguistique. A l'arrière plan, ce qui est en question, c'est la matérialité de la langue[6]. On a donc trois éléments articulés : le retour au sens et au sujet et la question de la matérialité de la langue. C'est là la forme spécifique que prend pour la linguistique la contradiction entre objet réel et objet de connaissance inhérente à la construction de l'objet propre de toute science.

*
* *

« Ce qui spécifie une science, c'est d'avoir un objet » dit Lacan[7] lorsqu'il pose la question de savoir si la psychanalyse est une science. Il ajoute : « on peut soutenir qu'une science est spécifiée par un objet défini, au moins par un certain niveau d'opération, reproductible, qu'on appelle *expérience*. Mais nous devons être très prudents parce que cet objet change, et singulièrement au cours de l'évolution d'une science ». Que Lacan parle aussi de la langue et du sujet donne à cette référence toute sa portée. Distinct du réel qu'il permet de s'approprier sur le mode de la connaissance, l'objet de connaissance a avec ce réel un rapport contradictoire[8]. Cela ne veut pas dire que cet objet est idéel et qu'il tient de sa nature idéelle d'être contradictoire avec le réel. Il ne s'agit pas d'opposer le monde des idées et le monde des choses en

---

6. « La langue n'est pas moins que la parole un objet de nature concrète, et c'est un grand avantage pour l'étude. Les signes linguistiques, pour être essentiellement psychiques, ne sont pas des abstractions, les associations ratifiées par le consentement collectif, et dont l'ensemble constitue la langue, sont des réalités qui ont leur siège dans le cerveau ». Saussure, *C.L.G.*, p. 32.
7. J. Lacan, *Les quatre concepts fondamentaux de la psychanalyse*, p. 13.
8. Sur la distinction objet réel-objet de connaissance, voir L. Althusser, *Lire le Capital*, I, pp. 46-50.

proclamant leur irréductibilité. Ce serait là parler en termes d'inadéquation et non de contradiction. Or on verra qu'on peut, malgré la contradiction et dans un sens bien défini, parler de l'adéquation de l'objet de connaissance et de l'objet réel. L'objet de connaissance est tout aussi matériel que l'objet réel mais il en est matériellement distinct. Le reconnaître permet de préciser ce qu'il en est de la matérialité de l'objet de connaissance sans le réduire à un reflet pensé de l'objet réel. L'objet de connaissance est objet qui change, qui a une histoire inscrite dans l'histoire de la science dont il est objet, dans la confrontation de ses théories, dans les pratiques spécifiques qui le caractérisent ainsi que dans les conditions historiques qui ont produit cette histoire, ces confrontations, cette pratique. Au lieu de se poser la question de savoir si la langue est une institution sociale, la réalisation d'une faculté innée ou les deux à la fois, c'est tout en même temps l'histoire de la linguistique, la confrontation de ses théories, la pratique du linguiste sur le langage en tant qu'elle est spécifique qu'il faut interroger si l'on veut saisir quelque chose de la matérialité de la langue en tant qu'objet de connaissance. C'est de ce point de vue là que se révèle contradictoire le rapport entre l'objet de connaissance de langue et le réel dont cet objet de connaissance à travers la spécification des concepts dans la théorie et la pratique des linguistes sur le langage, permet une appropriation sur le mode de la connaissance. La contradiction n'est donc pas essentielle ; elle ne fait pas partie de « l'ordre des choses » mais elle s'inscrit dans le procès de production des connaissances en tant que procès historique où les sciences ne sont pas seules en cause. La forme historique qui est donnée à la contradiction objet réel-objet de connaissance à un moment donné, par exemple dans le *Cours de Linguistique générale*, ne devient repérable en tant que contradiction qu'à partir d'un certain moment et dans certaines conditions qui ne relèvent pas seulement de ce qui se passe dans la linguistique mais aussi de ce qui advient hors de la linguistique. Dire que la contradiction n'est pas d'emblée repérable ne veut cependant pas dire qu'elle ne fonctionne pas comme telle : tout au long des pages qui suivent, il sera soutenu que sous des formes historiques variables qui conservent sa spécificité, une contradiction spécifique entre objet réel et objet de connaissance est constitutive de l'objet propre de toute science en tant que justement celle-ci a un objet propre qui la spécifie. Sauf à envisager la disparition de cet objet et donc la résorption de la science dont il s'agit dans d'autres sciences — possibilité qu'il ne faut pas exclure et dont l'histoire des sciences fournit des exemples — il n'est donc pas question d'éliminer cette contradiction mais seulement de reconnaître que pratiquer une science, c'est toujours en dernier ressort travailler sa contradiction spécifique de sorte que l'examen des diverses formes concrètes de cette contradiction permet d'en dégager les éléments. Leur articulation constitue ce qu'on conviendra d'appeler la *configuration épistémique* de la science en question.

Pour nous en tenir à la linguistique, dans ce que nous avons repéré chez Saussure, on peut distinguer deux éléments fondamentaux. D'une part, un élément qui n'est pas propre à la linguistique, un dédoublement de la *forme-sujet*[9] opposant individu et communauté ou société, c'est-à-dire *sujet individuel* et *sujet collectif*. D'autre part un élément spécifique, le *rapport du sens à la matérialité phonique ou graphique du langage*. Ces deux éléments entrent en jeu dès qu'est posée la question de la matérialité de la langue, c'est-à-dire dès qu'est soulevée la question du rapport entre objet de connaissance et objet réel dans la linguistique. Il est donc clair qu'on écarte l'idée selon laquelle ce qui spécifie une science, c'est l'existence d'une certaine région du réel qui aurait vocation à devenir l'objet propre d'une science avant toute investigation scientifique. Pourtant, comme chacun le sait, il y a des langues, le français, le polonais, le bambara par exemple. C'est comme on dit *un fait*, un fait d'expérience même. Que les langues aient existé avant toute ébauche de linguistique est aussi *un fait*. Mais justement les linguistes savent mieux que quiconque, même si parfois à les entendre on pour-

---

9. « Tout sujet humain, c'est-à-dire social, ne peut être agent d'une pratique que s'il revêt la forme de sujet. La *forme-sujet* est en effet la forme d'existence historique de tout individu agent des pratiques sociales : car les rapports de production et de reproduction comprennent nécessairement, comme partie intégrante, ce que Lénine appelle les rapports sociaux (juridico-)idéologiques ». L. Althusser, *Remarques sur une catégorie : Procès sans Sujet ni Fin(s)*, p. 71.

rait croire qu'ils l'oublient, que le français comme toute autre langue ça ne se laisse pas attraper comme ça, que c'est d'abord une diversité autant temporelle que spatiale et qu'il faut au moins un concept de langue, et pas seulement ce concept tout seul, pour pouvoir penser une unité de cette diversité[10]. C'est bien ce que posait déjà Saussure en disant que le langage c'est du divers et qu'il faut la langue pour faire l'unité du langage, pour la construire.

Formulée de manière plus générale, la question qui vient maintenant est de savoir si l'on peut caractériser le réel dont une science est l'objet indépendamment de la science qui permet précisément de le connaître, ou plus exactement en rend possible une appropriation sur le mode de la connaissance. Cette question n'est pas indépendante de ce qui jusqu'à présent reste un autre paradoxe, à savoir que la contradiction puisse être opérante quand bien même elle ne serait pas repérable ponctuellement comme telle. En fait, ce double paradoxe indique la place qu'occupent les idéologies dans le procès de production des connaissances. Dire en effet que l'on peut caractériser le réel dont une science réalise une appropriation sur le mode de la connaissance suppose qu'il existe au moins une autre forme d'appropriation de ce réel. Il n'est évidemment pas question de soutenir que ce réel ne préexiste pas à la science par le truchement de laquelle il devient objet réel d'un objet de connaissance. En ce sens, il est juste de dire qu'il existait des langues avant toute linguistique. Une chose est de reconnaître ainsi le primat de l'être sur la connaissance, une autre est d'affirmer que chacun est lin-

---

10. Bien qu'il ne s'agisse pas d'un ouvrage de linguistique, le travail de R. Balibar et D. Laporte sur la formation d'un français langue nationale (R. Balibar et D. Laporte, *Le français national*), montre que la question de savoir ce que c'est que *le* français ou même *du* français n'est pas aussi simple qu'il y paraît. Les problèmes que posent les classifications en patois, dialectes, idiolectes, etc., l'émergence de la notion même d'idiolecte en tant que « langue individuelle » confirment que passée l'évidence comme quoi *le* français, ça existe, que c'est né de l'union du gaulois et du latin, plus divers autres éléments, que ce n'est pas la même « chose » que l'allemand, le polonais ou le bambara, la délimitation des contours de cet objet n'est pas une affaire simple. On verra par la suite que le concept d'*autonomie relative de la langue* permet de transformer dans une certaine mesure les points de vue sur cette question.

guiste sans le savoir et que la pratique du linguiste sur le langage est la systématisation « réflexive » de pratiques « spontanées » de quiconque parle une langue. C'est encore une manière de contourner la contradiction objet réel - objet de connaissance ou plus exactement d'en produire une appropriation tout en la méconnaissant. C'est bien ce que l'on peut observer avec ce que certains linguistes appellent « *l'intuition linguistique du sujet parlant* ».

Il s'agit là d'une notion forgée pour légitimer, à l'intérieur de la linguistique elle-même, la pratique du linguiste sur le langage. En nous en tenant à Chomsky, cette notion intervient — rappelons-le — à deux niveaux, à un niveau pratique et à un niveau théorique. Au niveau pratique, il s'agit d'abord de pouvoir décider si telle ou telle forme, construite à partir d'éléments supposés faire partie de la langue, en fonction de règles supposées faire partie de sa grammaire, appartient ou non à la langue. Ainsi, la grammaire doit rendre compte de ce que, par exemple :

Le chien entend le voleur
Le voleur est entendu par le chien
Le chien entend le voleur entrer

sont des phrases françaises alors que

Le voleur entrer est entendu par le chien

ne l'est pas. L'appartenance ou la non appartenance de telle ou telle forme à la langue est supposée directement accessible à l'intuition linguistique. Ensuite, mais seulement ensuite, il est fait appel à l'intuition linguistique pour, par exemple, dissocier les règles dont l'application change le sens de celle qui ne le changerait pas, de pouvoir repérer les formes qui paraissent liées par un rapport, y compris de sens, pour faire en sorte que ces formes soient générées par des suites de règles qui rendent compte de leur différence et de leur rapport. L'intuition linguistique est donc invoquée pour, dans un premier temps, constituer la langue comme un tout empirique (ce qui est dans la langue et ce qui n'y est pas). Dans un second temps, à l'intérieur du tout empirique supposé ainsi constitué, on met en œuvre une forme d'expérimentation qui fait constamment appel à des critères de sens supposés directement accessibles à l'intuition linguistique. Voilà pour ce qu'il en est de l'intuition linguistique au niveau pratique. Au niveau théorique, un fondement est donné à cette intuition linguistique, ce fondement, c'est la *compétence linguistique*. Tout sujet parlant une langue donnée disposerait de cette compétence — dont les fondements seraient innés — même si ce qu'il énonce concrètement s'écarte plus ou moins de ce qu'il reconnaît lui-même comme faisant partie de la langue « à proprement parler ».

On ne retiendra pas tant la circularité des rapports entre théorie et pratique qu'instaure à première vue l'appel à l'intuition linguistique, que le fait que cet appel permet de s'affranchir de ce que fournissent les pratiques linguistiques « spontanées ». Celles-ci, du point de vue de la théorie à laquelle on a affaire, livrent pêle-mêle des formes qui appartiennent ou n'appartiennent pas à la langue ainsi conçue ; ce qui importe, ce n'est pas tant que ces formes existent ou n'existent pas naturellement, que les jugements qui peuvent être portés sur elles. L'appel à l'intuition linguistique justifie donc la prise en considération des formes construites à partir de la théorie et à des fins théoriques. L'exemple ci-dessus peut en effet servir à montrer qu'une transformation (en l'occurrence la transformation actif-passif) ne peut pas être une opération définie en surface en ne tenant pas compte de la structure de constituants de la phrase[11]. Cela rend possible une expérimentation au sens fort du terme. En même temps, cela révèle que la pratique qui permet de construire des éléments d'une grammaire telle que la conçoit Chomsky n'opère pas

---

11. Signalons qu'une grammaire générative devrait aussi rendre compte des phrases mal formées comme étant le résultat d'erreurs dans l'application des règles de formation. En un sens, le champ d'application d'une grammaire générative déborde donc le cadre du tout de la langue pour, en principe, s'étendre au tout des énoncés possibles bien ou mal formés. C'est là un indice de la puissance du concept de grammaire générative par rapport à toute forme d'analyse distributionnelle. En contrepartie, la question de savoir si le tout des énoncés possibles est définissable autrement que de manière purement formelle demeure entière (sur ce point voir J.-Cl. Milner, *Ecoles de Cambridge et de Pennsylvanie : deux théories de la transformation*.) L'important pour nous ici est de relever que l'appel à l'intuition linguistique dans la théorie des grammaires génératives garantit empiriquement l'existence d'une *ligne de démarcation* sans laquelle le projet d'une telle grammaire serait simplement inconcevable.

avant-propos

hors de la théorie dans un rapport spéculaire avec le réel qu'elle ne ferait que révéler. Un décalage entre objet théorique et objet réel est introduit et il en dépend qu'il y ait de vraies questions, donc aussi de vraies réponses. On peut donc dire que la notion d'intuition linguistique est ce qui, dans le cadre de cette théorie, donne corps à la configuration épistémique de la linguistique dont nous retrouvons les éléments fondamentaux : dédoublement de la forme-sujet (avec l'opposition de la compétence et de la performance) et question du sens dans son rapport à la matérialité phonique ou graphique du langage. En d'autres termes, cette notion représente dans la pratique du linguiste dans le cadre de cette théorie une appropriation de la contradiction entre objet réel et objet de connaissance, mais il s'agit d'une modalité d'appropriation qui a pour caractéristique de méconnaître son objet (la contradiction) en lui en substituant un autre. L'appel aux faits par le biais de l'intuition linguistique est en réalité un appel à des évidences et des représentations idéologiques : évidence du sens, évidence de l'individualité du sujet en tant qu'unité d'une intériorité singulière et de son universalité[12].

Sous réserve que ce qui a été avancé concernant la linguistique soit généralisable, on arrive à la conclusion que dans la pratique scientifique, l'appropriation du rapport entre objet réel et objet de connaissance fait nécessairement appel à des formations idéologiques, variables selon les théories, par lesquelles se réalise concrètement cette appropriation. Pourquoi nécessairement une (ou des) formation(s) idéologique(s), telle est la question que l'on peut maintenant chercher à approfondir avant d'en venir à la spécificité des formations idéologiques en question. On a dit *appropriation d'une contradiction*. La réponse à la question qui vient d'être posée tient d'abord à ce qu'on entend par *contradiction* et ensuite à ce qu'on entend par *appropriation*. La contradiction dont il est ici question n'est pas une contradiction ponctuelle telle la contradiction au sens de la logique. On a déjà insisté sur ce point. La catégorie de contradiction qui permet de penser le rapport entre objet réel et objet de connaissance dans le pro-

---

12. Noam Chomsky et George A. Miller, *L'analyse formelle des langues naturelles*, p. 36.

cès de production des connaissances est celle qui a été élaborée par Marx. Ainsi, la contradiction que développe l'antagonisme de classe n'est contradiction que du point de vue de la lutte des classes, c'est-à-dire de l'histoire au sens du matérialisme historique. Précisons encore. D'une certaine manière, la contradiction est posée par les rapports de production et de reproduction constitutifs de la division en classes ; mais les classes ne pré-existent pas à leur mise en rapport de sorte qu'il n'y a pas d'abord la contradiction et ensuite son développement, la contradiction est ce développement même. Elle est toujours déjà présente et jamais surmontée si ce n'est par une transformation révolutionnaire des rapports de production. De la même façon, on a dit que la contradiction objet réel - objet de connaissance dans une science n'est pas ponctuelle, qu'elle n'est telle que par rapport au devenir d'une science réinscrite dans le procès de production des connaissances. Localement, elle ne se manifeste que sous forme de difficultés théoriques et pratiques rencontrées dans l'exercice d'une science, de points de fuites telle la question de l'énonciation, celle des universaux ou celle du sens en linguistique. Quel sens peut-on donner dans ces conditions à l'affirmation selon laquelle une formation idéologique est susceptible de réaliser *dans une pratique* une appropriation d'une contradiction[13] ? Cela laisse à première vue entendre que l'on peut penser cette contradiction dans l'unité d'une intériorité, celle d'un sujet, susceptible d'en réunir *dans leur développement* les deux termes. Reprenons la contradiction de classe qui se développe dans l'antagonisme de classe. Poser que cette contradiction tombe sous la juridiction de la catégorie de sujet en tant qu'unité d'une intériorité, cela reviendrait à dire que ce sujet peut simultanément être sur les positions des deux classes antagonistes, donc qu'il échapperait à la détermination des rapports de production et de reproduction, qu'il occuperait la position d'un sujet de l'histoire. Or ce que Marx pose contre Hegel, en en tirant les leçons du point de vue du matérialisme, c'est que la contradiction de classe ne peut être conçue comme l'objet d'un sujet, que, sous quelque forme que

---

13. La question de savoir si toute formation idéologique est appropriation d'une contradiction est pour l'instant laissée de côté.

ce soit, il n'y a pas de « sujet de l'histoire », que l'histoire du point de vue matérialiste est un « procès sans Sujet ni Fin(s). »[14] Concernant le procès de production des connaissances, c'est une conclusion semblable qui se dégage de la lecture de la *Science de la Logique* de Hegel par Lénine[15]. Etant donné ce qui a été vu concernant la matérialité de l'objet de connaissance et le rapport objet de connaissance-objet réel, on doit poser que la contradiction objet réel - objet de connaissance n'est pas l'objet d'un sujet qui sera susceptible de vérifier la conformité de l'objet de connaissance avec l'objet réel. Pas plus qu'il n'y a de sujet de l'histoire, il n'y a de sujet du procès de production des connaissances ou de sujet de la Science. Il n'en reste pas moins que, du point de vue du matérialisme historique, le procès de production des connaissances, en tant que procès historique, se réalise concrètement sous des formes historiques variables — voir plus loin — , dans des pratiques sociales, notamment ce qu'on appelle la pratique scientifique. Que la pratique scientifique à travers laquelle se réalise concrètement le procès de production des connaissances ne soit pas n'importe quelle sorte de pratique sociale, on n'en disconviendra pas. Si l'on veut tenir de manière conséquente les positions matérialistes contre le subjectivisme et l'idéalisme, il faut prendre garde de ne pas renverser l'ordre des questions. Il faut en particulier éviter l'écueil qui consisterait à dire que la pratique scientifique est d'abord une pratique tout court, ayant sa spécificité propre en tant que pratique, peut-être la seule pratique ayant une telle spécificité — certains diront une *praxis* —, et est secondairement une pratique *sociale*. La pratique scientifique est d'abord comme toute pratique une pratique sociale, secondairement, c'est une pratique spécifique. Or comme pour toute pratique sociale, les individus humains concrets qui en sont, sinon les sujets, du moins les agents, « agissent dans et sous la détermination des formes d'existence historique des rapports sociaux de production et de reproduction (procès de travail, division et organisation du travail, procès de production et de

---

14. L. Althusser, *Remarques sur une catégorie : Procès sans Sujet ni Fin(s)* et D. Lecourt, *Une crise et son enjeu.*
15. D. Lecourt, *op. cit.*

reproduction, lutte des classes, etc. »[16]). Dire que ces agents agissent dans et sous la détermination de ces formes historiques d'existence, c'est dire qu'ils sont constitués en sujets dans et par ces pratiques sociales. Pour ce qui concerne les agents du procès de production des connaissances, ils sont constitués dans la pratique scientifique et par cette pratique en sujets, savants, chercheurs, penseurs, qui découvrent, savent, pensent, etc... Or précisément, ce par quoi des individus concrets, agents des pratiques sociales, sont constitués en sujets, ce sont des formations idéologiques : « il n'y a de pratique que sous une idéologie » et « il n'y a d'idéologie que par et pour des sujets ».

On est maintenant en mesure de maîtriser deux choses : (a) que l'appropriation d'une contradiction, qui comme telle échappe à la catégorie de sujet, puisse se réaliser concrètement dans une pratique, et (b) que lorsque directement ou indirectement la question du rapport entre objet de connaissance et objet réel dans une science est posée, on rencontre nécessairement, sous une forme ou sous une autre la catégorie de sujet. Ce qui au départ n'était qu'un constat appuyé sur une lecture de Saussure et sur l'examen du rôle de la notion d'intuition linguistique dans la pratique du linguiste liée à certaines théories linguistiques a reçu un commencement d'explication théorique. Ici se dégage une définition *positive* de l'Idéologie, définition qui coupe court avec toute conception de celle-ci comme erreur, illusion, fantasmagorie, etc..., quelque chose de purement idéel, sans rapport avec la réalité : elle apparaît entre autre comme un élément nécessaire du procès de production des connaissances. Bien plus, si on admet que pratiquer une science, c'est travailler sa contradiction spécifique, l'Idéologie est dans ce procès, de la matière première.

Il n'en reste pas moins que, tout en étant bien réelle et effective — ce qui nous renvoie à la question de l'adéquation — l'appropriation de la contradiction objet réel - objet de connaissance dans la pratique d'une science rate, pour reprendre

---

16. L. Althusser, *Remarques sur une catégorie : Procès sans Sujet ni Fin(s)*, p. 70.

avant-propos

le terme d'Althusser, son objet (la contradiction) en lui en substituant un autre, tel l'intuition linguistique ou le fonctionnement métalinguistique du langage. Il faut donc préciser l'indice de réalité de l'objet d'une formation idéologique.

Tout comme une science, une formation idéologique a un objet qui la spécifie. Par exemple, l'idéologie de la transparence du langage ou l'idéologie de l'individualité du processus de pensée. L'objet d'une formation idéologique est réel au sens où, dans un exemple particulièrement frappant, Saül Karsz dit que *Dieu* est réel[17]. A un second niveau apparaît une différence fondamentale entre sciences et formations idéologiques : *il n'y a pas pour une formation idéologique d'équivalent à la contradiction objet réel - objet de connaissance*. Cela tient à ce que l'objet d'une formation idéologique qui intervient dans le procès de production des connaissances — on s'en tient à celle-ci — *représente* pour les agents de la pratique scientifique, constitués en sujet de cette pratique, la contradiction objet réel - objet de connaissance sous ses différentes formes, laquelle échappe à la catégorie de sujet. Or, et il ne faut pas déraper sur ce point délicat, il n'y a pas d'abord la contradiction puis sa représentation — la contradiction n'existe que pour autant qu'il y a une pratique scientifique qui la développe — donc des agents de cette pratique constitués en sujets dans cette pratique par cette représentation même. Dans ces conditions, parler de l'adéquation de l'objet d'une formation idéologique ne peut avoir de sens, la question de l'adéquation ne peut se poser qu'à propos du rapport entre objet de connaissance et objet réel dans les sciences. Encore faut-il préciser que cette question de l'adéquation ne peut être posée en référence aux structures d'un « sujet » qui la

---

17. « ... On ne saurait tenir sur les objets réels *dieu, foi, religion*, un discours qui énoncerait scientifiquement cela même que d'autres discours énoncent théologiquement. Dieu existe, on peut le rencontrer à partir d'objets théoriques tels que la compulsion de répétition, la religion en tant qu'appareil idéologique d'Etat, l'analyse scientifique de la problématique propre aux discours théologiques. Et c'est précisément à partir de l'analyse scientifique de la religion, de la divinité, etc., que la critique matérialiste peut ne pas tomber dans ces dilemmes piégés : fidéisme-athéisme, religieux-laïc. Dilemmes piégés, car les deux termes de chaque couple sont également religieux, respectivement positif et négatif. » S. Karsz, *Théorie et politique : Louis Althusser*, p. 65.

réfléchirait sur le mode kantien, elle n'a de sens qu'en référence à la pratique scientifique et au développement des sciences, étant entendu que les formations idéologiques concrètes qui réalisent l'appropriation de la contradiction objet réel-objet de connaissance font partie des conditions historiques précises dans lesquelles cette pratique et ce développement peuvent s'exercer. Bref, la question de l'adéquation ne peut être convenablement posée si on la détache des conditions historiques qui la déterminent. Sinon, on retombe sur la fameuse question de la vérité absolue, question qui prend la place de celle de l'adéquation dans la philosophie idéaliste. Comme Lecourt l'a montré pour la double thèse du reflet[18], il y a un ordre des questions à respecter : le rapport entre objet réel et objet de connaissances dans le procès de production des connaissances scientifiques est un rapport d'adéquation - contradiction mais la contradiction est première en tant qu'elle est constitutive de l'objet propre d'une science, l'adéquation est seconde et historique.

Ceci nous amène à préciser la nature des formations idéologiques dont on a mis en évidence la place dans le procès de production des connaissances. Disons pour commencer qu'il n'y a pas nécessairement, dans toute formation sociale, production de connaissances *scientifiques*. Il ne s'agit pas ici d'apporter notre contribution aux discussions sur l'origine de la « science moderne » (dans la Grèce antique, ou avec Galilée, ou avec Descartes, etc.). Tout ce à quoi nous voulons en venir, c'est à poser que le procès de production des connaissances est susceptible de prendre et a pris des formes historiques diverses. Tout ce que l'on peut dire, c'est que ce procès implique un certain partage qui découle de la contradiction objet réel - objet de connaissance, laquelle fonde également, sans qu'on puisse y voir un retour à une conception continuiste du développement des sciences, l'autonomie relative du procès de production des connaissances scientifiques. On peut évidemment mettre d'un côté de ce partage *science* et de l'autre *idéologie* à condition de reconnaître que les deux éléments de ce couple sont susceptibles de varier simultanément. Il ne

---

18. Dominique Lecourt : *Une crise et son enjeu — essai sur la position de Lénine en philosophie*.

suffit pas de dire que les sciences antiques, ce n'est pas exactement les sciences modernes bien que ce soit déjà des sciences (la géométrie de Thalès, par exemple) car ce serait du même coup se mettre en position de devoir partir à la quête de l'essence de cette scientificité. Ce qui importe, c'est la condition de possibilité du partage ; ce qu'il faut prendre en compte, c'est le couple sciences - idéologies dans le procès de production des connaissances et non un seul des deux termes. Le partage, le couple se réalisent concrètement de manières différentes selon le mode de production, en tant que système constitué des rapports de production et des forces productives, qui domine la formation sociale.

Je ne peux fournir que des indications globales et partielles permettant d'entrevoir ce qui rend historiquement possible le partage en tant que production matérielle *et* appropriation dans des pratiques de contradictions entre objets de connaissance et objets réels. On sait que dans les sociétés féodales, la pratique scientifique a été pour l'essentiel initiée et contrôlée par l'Eglise. On sait également que dans les sociétés capitalistes, le développement des sciences est étroitement lié à celui de la scolarisation et aux formes spécifiques que celle-ci a prises. C'est là un constat. Au-delà de ce constat, on avancera que ce lien traduit le fait que, dans les formations sociales féodales comme dans les formations sociales capitalistes, il a existé ou il existe, dans les superstructures idéologiques, un appareil idéologique d'Etat dont la place particulière parmi les autres appareils idéologiques de la superstructure est à l'origine de la formation et de la reproduction d'une distinction entre ce qu'il est convenu d'appeler des *idéologies théoriques* et des *idéologies pratiques*. Là encore il s'agit d'un couple ou plus exactement d'un triplet *sciences, idéologies pratiques, idéologies théoriques* dont les trois éléments doivent être considérés dans leur articulation. Examiner comment cette articulation se trouve modifiée dans le passage du mode de production féodale au mode de production capitaliste, ce serait là l'objet d'une étude spécifique. On se contentera de remarquer ici pour le moment que cette articulation, qui définit les trois termes, est déterminée par le mode de production ; de manière plus spécifique, elle est liée à la forme subséquente du procès de travail, de la division et de l'organisation du travail (notamment représentée par l'opposition entre travail manuel et travail intellectuel), de la qualification de la force du travail, de l'intervention des sciences dans le procès de production économique et dans la lutte idéologique de classe (cette liste n'est pas limitative).

On soutiendra que les trois éléments du triplet, *idéologies pratiques, idéologies théoriques, sciences* ne peuvent exister séparément de sorte qu'il ne pourrait pas y avoir, si cette position est juste, de production - reproduction de connaissances scientifiques si les conditions de la production - reproduction d'une distinction entre des idéologies pratiques et des idéologies théoriques ne sont pas réunies. On peut en outre proposer une première formulation de positions théoriques qui semblent devoir être tenues au sujet des rapports entre sciences et idéologies dans le procès de production des connaissances. On peut formuler deux propositions à ce sujet :

(1) *Les formations idéologiques par lesquelles se réalisent l'appropriation de la contradiction objet réel - objet de connaissance dans la pratique scientifique relèvent d'idéologies théoriques.*

(2) *Les idéologies théoriques relèvent de ce que Louis Althusser appelle l'Appareil idéologique d'Etat dominant*[19]*, à savoir, dans les formations sociales capitalistes, de l'A.I.E. scolaire.*

A ces deux propositions, on en adjoindra une troisième, laquelle a été posée par Dominique Lecourt[20].

(3) *Les idéologies pratiques assignent leur forme et leurs limites aux idéologies théoriques.*

Ces formulations demanderaient à être spécifiées, en particulier pour les articuler sur la distinction idéologies prolétariennes - idéologies bourgeoises (ou idéologies de la classe dominante - idéologies de la classe dominée). Elles ne constituent qu'un point de départ qui va nous permettre de reformuler la question des rapports entre langage et connaissances dont nous sommes partis.

*
* *

---

19. Louis Althusser, *Idéologie et appareils idéologiques d'Etat.*
20. D. Lecourt, *Sur l'archéologie du savoir.*

avant-propos

Revenons sur le chemin qui a été parcouru jusqu'à présent. On est parti de la question de la présupposition en tant qu'elle est révélatrice des difficultés théoriques et pratiques que rencontre aujourd'hui la linguistique. Au-delà de ces difficultés, cette question nous intéresse en tant qu'elle condense en elle-même deux autres questions : (a) la question du rapport entre objet réel et objet de connaissance (dans l'exercice d'une science particulière, la linguistique) et (b) la question des modalités d'intervention du langage dans le procès de production reproduction des connaissances (reformulation de la question de Frege).

Cette condensation est une configuration tout à fait singulière, à la mesure de l'enjeu des questions qu'elle recouvre, en ce sens que la question (a) se redouble dans la question (b) puisqu'on ne peut aborder celle-ci, d'un point de vue scientifique, en négligeant la linguistique alors qu'inversement la question (b) se retrouve comme partie dans la question (a) du fait même de l'existence de la question (b). C'est en cela que la question de la présupposition nous intéresse et c'est la raison pour laquelle la première partie du présent ouvrage est consacrée à une confrontation des travaux linguistiques sur la présupposition. Il ne faut cependant pas s'attendre à trouver dans cette première partie de l'ouvrage une nouvelle théorie (linguistique ou autre) de la présupposition : la confrontation des travaux en question mène plutôt à une déconstruction de la notion de présupposition, déconstruction qui permet de confirmer ce qui a été avancé au sujet des éléments de la configuration épistémique de la linguistique (dédoublement de la forme sujet et question du sens dans son rapport à la matérialité phonique ou graphique du langage) et d'en préciser le fonctionnement et l'articulation. Un tel travail s'inscrit nécessairement dans certaines limites : il ne permet pas d'atteindre comme telles les questions du sujet et du sens que pourtant la linguistique pose sous une certaine forme en même temps qu'elle les suppose toujours déjà résolues. Les mêmes remarques s'appliquent au travail de Frege dès lors qu'il fait appel à l'évidence pour ce qu'il en est de la référence des noms propres. On pourrait donc en conclure que ce qui nous manque, c'est une « théorie du sens » et une « théorie du sujet ». Là la réponse ne se fait pas attendre. Elle est formulée de manière ramassée par Louis Althusser « comme toutes les évidences, y compris celles qui font qu'un mot « désigne une chose » ou « possède une signification », donc y compris les évidences de la « transparence du langage », cette évidence que vous et moi sommes des sujets — et que ça ne fait pas problème — est un effet idéologique, l'effet idéologique élémentaire ». (*Idéologie et appareils idéologiques d'Etat*, p. 30).

Il ne saurait pas plus y avoir de « théorie du sens » ou de « théorie du sujet » que de « théories de Dieu », ces objets sont des catégories idéologiques et non des objets de connaissances. L'impasse semble donc totale. En fait, elle indique seulement que la linguistique pose avec une acuité qu'on ne rencontre avec aucune autre science un certain nombre de questions. Elle nous met en position de devoir répondre à ces questions dans la mesure de nos moyens théoriques et pratiques. Ces questions, on peut les repérer comme questions en suspens dans l'analyse des rapports entre sciences et idéologies esquissée ci-dessus. La question centrale est celle qui est posée quand on énonce que l'objet de connaissance est un objet matériel, matériellement distinct de l'objet réel correspondant. Quel est le « régime de matérialité » de cet objet ? Même question pour l'objet idéologique. On sait que ça n'est pas le mot ni même ce que Foucault appelle « événement discursif »[21]. Ce serait en effet instaurer un primat du langage ou du discours qui a pour conséquence que les questions de la production, reproduction et de l'appropriation matérielles de ces objets dont on ne peut pourtant pas nier la pertinence, se trouvent forcloses. Tant qu'on n'aura pas fourni des éléments de réponse à ces questions on ne pourra pas maîtriser le retour sous diverses formes, à dominantes empiristes ou idéalistes, de l'idéologie de la transparence du langage dans la pratique de la linguistique. Cette idéologie, enracinée dans la confusion entre objet de connaissance et objet réel, assure le lien dans la linguistique entre les questions du sujet et du sens, sous des formes telles qu'elle s'en sépare sans cesse pour toujours y revenir. D'une certaine manière on peut

---

21. Michel Foucault, *L'archéologie du savoir*. Voir aussi la critique de cette notion dans D. Lecourt, *op. cit.*

avant-propos 21

donc dire qu'il s'agit de s'assurer la maîtrise de ce qui rend possible l'appropriation de la contradiction objet réel - objet de connaissance dans la linguistique. Pour s'assurer cette maîtrise, au moins partiellement, nous affirmons qu'on dispose aujourd'hui d'éléments, à condition d'aller les chercher là où ils sont, à savoir d'une part dans la théorie des idéologies en tant que région du matérialisme historique et, d'autre part, dans la psychanalyse.

Que, dès la science des rêves, Freud ait été amené à faire des hypothèses sur le langage qui rompent avec l'idéologie de la transparence du langage, c'est ce dont Lacan a su tirer les conséquences pour élaborer à partir de Freud le concept d'*inconscient*. Cette rupture avec la transparence du langage est une conséquence nécessaire de la problématique de la psychanalyse. En effet, si la psychanalyse n'est ni une « théorie du sujet », ni une « théorie des rapports entre sujet et langage », mais une science spécifiée par son objet propre, l'inconscient, il n'en reste pas moins que les notions de sujet et de langage y jouent un rôle essentiel : elles font partie de ce qu'on peut appeler sa « matière première » théorique. On connaît les formules lacaniennes : « l'inconscient est un concept forgé sur la trace de ce qui opère pour constituer le sujet » et « l'inconscient est structuré comme un langage ». La psychanalyse traite donc le sujet comme un effet. Plus précisément, le sujet dont elle fait sa matière première est effet du langage. C'est en fin de compte cette mise en place du sujet par rapport au langage qui met la psychanalyse en position de rompre avec l'idéologie de la transparence. En outre poser le sujet comme effet exclut de le tenir pour centre, source, unité d'une intériorité, etc... Un problème demeure cependant qui est de savoir si en posant ce rapport entre sujet et langage, on ne fait pas que déplacer le problème. Malgré les références de Lacan à la linguistique, dont il faut bien voir en quoi elles consistent au juste, le langage n'est l'objet d'aucune science. D'une certaine manière on peut dire que le langage joue par rapport à la psychanalyse un rôle analogue au sens par rapport à la linguistique. D'où des formules telles que celles-ci : « la nature fournit, pour dire le mot, des signifiants et ces signifiants organisent de façon inaugurale les rapports humains, en donnent les structures et les modèlent. »[22] Il ne faut pas surestimer l'incidence d'une telle formule mais cette histoire de naturalité du signifiant fait réellement problème. Dans la seconde partie de cet ouvrage, il est montré le parti que l'on peut tirer de la théorie des rapports entre signifiants et constitution du sujet, notamment pour ce qui concerne les processus d'appropriation et d'assujettissement. Il y est montré que, malgré ces éléments, elle laisse en suspens la question de la matérialité des objets de connaissance et des objets idéologiques. Ce que cette réserve ouvre comme champ de questions, c'est celui des rapports entre idéologie et effet sujet notamment à propos du dédoublement de la forme sujet dans son rapport à la dichotomie idéologie pratique/idéologie théorique. Cette problématique est également abordée dans la seconde partie de cet ouvrage avec celle des aspects de la question du régime de matérialité qui concerne les rapports entre langue, sciences et idéologies. Réaffirmer que la langue n'est pas l'idéologie ni le formalisme la science conduit à dessiner les contours d'un concept permettant de penser ces rapports. A la suite de Michel Pêcheux[23], on a choisi de désigner ce concept à l'aide du terme de *discours*.

---

22. J. Lacan, *Le Séminaire XI*, p. 23.
23. M. Pêcheux, *Les vérités de La Palice*.

I

Le Sujet dans la Linguistique

A propos de la présupposition

INTRODUCTION

DEUX PERSPECTIVES THEORIQUES, DEUX CONCEPTIONS DE LA PRESUPPOSITION

Tout en reconnaissant qu'ils n'en connaissent pas exactement la nature[1], ce sont aujourd'hui, avant tout, les linguistes qui s'intéressent à la présupposition. Nous partirons de cette actualité de la présupposition. La notion de la présupposition est utile aux linguistes à plus d'un titre ; nous verrons comment après avoir indiqué dans quel contexte cela se fait. Du point de vue linguistique, la présupposition est étroitement liée à la théorie de la grammaire. Alors que pendant une longue période, la phonologie a occupé le devant de la scène, la théorie de la grammaire est devenue la question centrale en linguistique. Pour expliquer ce changement de perspective, on a souvent fait appel à l'idée d'une hiérarchie de complexité croissante des structures linguistiques, allant de la phonologie à la sémantique. Les linguistes se seraient tout naturellement occupés en premier lieu des aspects les plus simples de la langue et la connaissance de ceux-ci étant considérée comme quelque peu établie, on serait passé à la syntaxe avant d'aborder la sémantique. En réalité, derrière cette idée d'une hiérarchie des structures de la langue, il y a bien autre chose que l'explication de l'importance prise actuellement par la théorie de la grammaire. Il y a toute une conception de la langue, structure complexe dont les éléments de base, les « unités minimales », seraient les phonèmes (ou

---

1. D. Lightfoot : *Les présupposés dans la grammaire transformationnelle.*

les traits distinctifs de phonèmes comme le trait sonore non sonore qui oppose en français b et p par exemple) et dont les autres niveaux de structures dériveraient par combinaison : les mots sont des combinaisons de phonèmes, les phrases des combinaisons de mots, etc... A cela s'ajoute, comme chez Jakobson, l'idée d'une échelle ascendante de la liberté de ceux qui parlent la langue dans l'usage de celle-ci : leurs possibilités de choix seraient à peu près nulles au niveau phonologique, plus importante au niveau syntaxique et prédominante au niveau sémantique. Ainsi se trouve redessinée la place de la subjectivité des parleurs dans le langage. Il ne s'agit pas de nier que les choix dont il est question puissent être éventuellement déterminés par ailleurs, par les croyances, les convictions, les opinions, les connaissances que chacun partage ou ne partage pas, mais l'ordre du langage paraît dépendre au moins à un certain niveau de ceux qui l'emploient.

On verra plus loin comment, avec la notion de présupposition, on retrouve une référence semblable aux opinions, croyances, convictions, connaissances, etc...[2] Il faut signaler qu'il y a déjà là une première bifurcation possible selon que l'on reste dans le cadre d'une conception de la langue qui dérive de celle que nous venons d'évoquer, c'est-à-dire que l'on reste dans le cadre du structuralisme, ou bien que l'on en sort. En d'autres termes, il faut distinguer deux courants dans les travaux linguistiques sur la présupposition. En premier lieu un courant structuraliste essentiellement représenté par Ducrot et en second lieu un courant transformationaliste issu de Harris et de Chomsky. Les deux courants se distinguent par la place accordée à la théorie de la grammaire car l'importance prédominante accordée à celle-ci s'est traduite par un renversement de la conception de la langue en tant que hiérarchie de structures articulées. A partir de Chomsky,

---

2. Voici à titre d'exemple, deux « définitions » de la présupposition : « nous réserverons le mot de présupposition pour définir les représentations requises chez l'auditeur pour que l'énoncé s'intègre à une communication normale » (Ducrot : *Logique et linguistique*, p. 18).
... « Les présuppositions, c'est-à-dire les convictions du locuteur à propos de l'univers » (Lightfoot : *Les présupposés dans la grammaire transformationnelle*, p. 183).

la grammaire englobe tout, la phonologie, la syntaxe, et la sémantique, on ne parle plus des structures de la langue mais des composantes de la grammaire (composantes phonologiques, syntaxiques et sémantiques). De plus, et c'est là un changement fondamental, la composante de base devient la syntaxe, les composantes phonologiques et sémantiques, au moins dans une première conception de la grammaire, ne fournissent que des interprétations de ce qui est défini au niveau syntaxique. Il y a là une rupture qui, entre autres choses, rend caduque l'idée d'une échelle ascendante de la liberté du locuteur dans l'usage de la langue, liberté où se logerait sa subjectivié, ce par quoi passeraient ses opinions, ses croyances, ses convictions propres, etc... En ce sens, ce projet d'une théorie de la grammaire renoue et prolonge la tradition saussurienne en ce que la coupure qui fonde la linguistique comme science s'est constituée à partir d'un rejet (partiel)[3] de la subjectivité, comme mode d'explication, des « faits de la langue ». Selon la formule de Chomsky c'est le langage lui-même qui est créateur et non plus le sujet qui en fait usage. C'est donc aussi la conception de la langue comme outil ou instrument qui se trouve écartée. Pourtant, nous l'avons déjà annoncé, à travers la notion de présupposition, c'est quand même, sous des modalités diverses, la subjectivité qui se trouve réintroduite dans cette théorie de la grammaire. Donc par des voies différentes, cette notion se trouve jouer un rôle analogue dans la perspective structuraliste et dans la perspective transformationnaliste. Cela mérite qu'on s'y arrête car cela signifie que la difficulté théorique qui se signale de cette manière passe au-delà de ce qui oppose ces deux courants de la linguistique et les deux conceptions du langage qui les sous-tendent. Dans l'un et l'autre cas, ce qui est en question, c'est ce qui se présente sous l'aspect des rapports du langage et de la subjectivité avec ses corollaires, croyances, opinions, convictions, etc... Sous réserve de démontrer ce qui vient d'être avancé, on

---

3. Claudine Normand : *Propositions et notes en vue d'une lecture de Ferdinand de Saussure*, ainsi que Haroche, Henry, et Pêcheux : *la sémantique et la coupure saussurienne*.

peut en conclure que le changement de perspective théorique qui devrait permettre de se sortir de cette difficulté doit viser ce que recouvrent les notions de subjectivité, de croyance ou d'opinion dans leur rapport au langage, c'est-à-dire ce qui relève d'une théorie de l'effet sujet et des effets idéologiques. Avant d'en venir à ce changement de perspective théorique, nous allons examiner la problématique de la présupposition en linguistique à travers les formes spécifiques qu'elle prend dans les deux courants qui ont été opposés.

CHAPITRE I

LA PRESUPPOSITION DANS LA THEORIE DE LA GRAMMAIRE[1]

L'introduction de la présupposition dans la théorie de la grammaire est liée à une critique du modèle de grammaire auquel il a été fait référence ci-dessus. Plus précisément ce qui a été contesté dans le modèle, défini par Chomsky dans « *Aspects of the Theory of Syntax* », c'est la possibilité de séparer la composante syntaxique et la composante sémantique en faisant de celle-ci une composante purement interprétative. Au centre du débat se trouve la notion de contrainte de sélection liée à cette conception de la composante sémantique. Il convient donc de rappeler les caractéristiques essentielles du modèle de grammaire dont il est question.

La grammaire définie dans *Aspects* par Chomsky doit répondre à deux objectifs :

a) être susceptible de faire correspondre, au moyen d'un ensemble fini de règles formelles, à toute représentation phonétique d'une phrase dans un système de catégories phonéti-

---

[1]. Je regrette de ne pas avoir eu connaissance au moment de la rédaction de ce chapitre de l'étude de Ryszard Zuber, *La structure présuppositionnelle du langage*, Paris, Dunod, 1972. Cette étude apporte des précisions intéressantes concernant les rapports entre présupposition, constituants et transformations. Par ailleurs, le lecteur trouvera des compléments dans une série d'articles récemment traduits : Chomsky, *Questions de sémantique*, Paris, Le Seuil, 1975. Enfin certains aspects « techniques » du rapport entre propositions relatives et présupposition sont développés dans Henry, « Constructions relatives et articulations discursives », *Langages*, 37, mars 1975.

ques universelles, une ou éventuellement plusieurs descriptions sémantiques de cette phrase dans un système de catégories sémantiques également universelles.

b) rendre compte des propriétés des phrases (ambiguïté, relation de sens, indépendants de tout contexte, grammaticalité ou déviance par rapport à la grammaticalité) telles qu'elles se révèlent à l'intuition linguistique immédiate de tout sujet parlant la langue.

La grammaire doit donc permettre de définir pour une phrase jugée incorrecte du point de vue de la langue quelles sont les règles de la grammaire qui ont été enfreintes. C'est ainsi qu'on expliquera qu'une phrase telle que :

(1) * la table pense à toi.

puisse paraître incorrecte en remarquant que le verbe *penser* ne peut s'employer correctement qu'avec un sujet animé. Il faut rappeler que la déviance par rapport à la grammaticalité n'implique pas que l'on ne puisse pas donner un sens ou une signification à une phrase ayant cette caractéristique.

Le but d'une grammaire n'est pas de rendre compte du sens ou de la signification des phrases qui peuvent être produites, il est de formaliser le savoir linguistique ou la compétence de tout sujet parlant une langue donnée, savoir ou compétence qui lui permet de formuler à propos de toute phrase énonçable un jugement qui pose que cette phrase est ou n'est pas correcte. Cela ne signifie pas qu'il n'est pas possible de « comprendre » des phrases grammaticalement incorrectes. Inversement, il est possible que des phrases, grammaticalement correctes, soient pratiquement « incompréhensibles ». C'est le cas en particulier de phrases dans lesquelles est enchâssée une relative dans laquelle est enchâssée une relative, etc... telle que :

l'homme qui a vu la femme qui a tué le chien qui a mordu le gendarme qui a attrapé le voleur qui a pris le collier que lui avait donné l'homme qu'elle avait rencontré que le gendarme a arrêté sur la route que le chien, etc...

Vous connaissez la chanson. La grammaire telle que la conçoit Chomsky doit pouvoir rendre compte de telles phrases même si pratiquement elles ne sont pas observables car leur caractère plus ou moins « incompréhensible » n'est pas attribué à une incorrection grammaticale. Une telle grammaire ne peut être exclusivement fondée sur l'analyse de phrases observables et, par conséquent, elle doit être un dispositif déductif.

La distinction entre compétence et performance permet de rendre compte du fait que des phrases « incompréhensibles » puissent être des phrases de la langue, des phrases grammaticalement correctes, et inversement que des phrases grammaticalement incorrectes puissent avoir un sens ou une signification. Le sens ou la signification relève de la performance et le rôle du « contexte de situation », quel que soit le contenu de ces termes, dans la production et l'interprétation des phrases a toujours été reconnu. Il n'en va pas de même de la *représentation sémantique* qui peut être associée à une phrase, laquelle ne doit dépendre que de cette phrase.

La représentation sémantique ne doit répondre qu'à une seule exigence : rendre compte du fait qu'indépendamment de toute référence à un contexte, on puisse considérer deux phrases formellement différentes comme sémantiquement équivalentes ou inversement qu'une même phrase peut être interprétée de plusieurs manières. Dans ce dernier cas, au moins deux représentations sémantiques distinctes doivent pouvoir être associées à cette phrase par la grammaire.

Ainsi la phrase :
(2) J'ai vu l'homme avec des jumelles

est ambiguë en ce sens qu'on peut soit comprendre que quelqu'un a vu un homme en se servant de jumelles, soit que quelqu'un a vu un homme qui avait des jumelles. La grammaire doit associer à une telle phrase deux représentations sémantiques. Il s'agit maintenant de savoir à quel niveau doit s'opérer la différenciation de ces deux interprétations possibles de la phrase. Cela ne saurait être au niveau de la représentation phonétique (sauf si l'on considère que les deux interprétations sont différenciées par des traits prosodiques, au niveau de l'accentuation, ce qui ne paraît pas être le cas en l'occurrence).

L'hypothèse fondamentale posée par Chomsky dans *Aspects* est que cette différenciation doit s'effectuer au niveau de la composante syntaxique ; la composante sémantique est purement interprétative, elle associe à chaque structure de phrases définie au niveau de la composante syntaxique une et une seule représentation sémantique. Inversement, lorsque deux phrases formellement distinctes au niveau de leur représentation phonétique doivent être considérées comme non différenciables au niveau de leur représentation sémantique, il est posé qu'elles dérivent d'une même structure syntaxique de base par application de ce qu'on appelle une *transformation* qui est supposée ne pas affecter l'interprétation pour ce en quoi elle dépend de la langue. On considère en général que c'est le cas pour une phrase active et sa forme passive. Il en résulte que c'est au niveau de la structure syntaxique profonde (au sens qui vient d'être rappelé) que la différenciation des représentations sémantiques doit s'opérer.

C'est en ce sens que la composante syntaxique apparaît comme la composante de base de la grammaire.

Si maintenant, nous en revenons aux problèmes des malformations grammaticales, celles-ci peuvent être de plusieurs types. Soit provenir d'une application incorrecte des règles qui définissent la structure profonde, soit provenir de l'application de transformations à des structures profondes qui n'admettent pas ces transformations ou d'une application incorrecte de ces transformations. Il reste un troisième type de malformation : c'est celui que présente une phrase telle que celle qui a servi d'exemple ci-dessus, phrase dans laquelle un verbe qui, grammaticalement, ne pourrait être employé qu'avec un sujet animé, l'est avec un sujet inanimé. C'est pour rendre compte de ce type de malformation que Chomsky a introduit la notion de *contrainte de sélection*. La composante syntaxique est supposée définir des séquences constituées de formants grammaticaux tels que N, V, etc... à chacun desquels est attaché un *symbole complexe* Q, lui-même constitué d'un ensemble de traits tels que, pour un substantif, *commun, dénombrable, animé, humain*, etc. Une telle séquence est dite préterminale. A chaque élément d'une phrase, ou plus exactement de sa représentation phonétique dont les éléments sont des formants lexicaux, est également attaché par le lexique un *symbole complexe* C analogue au précédent. La représentation phonétique, munie de ces symboles complexes C est appelée séquence terminale. La grammaire associe à cette séquence terminale une séquence préterminale, c'est-à-dire qu'à chaque formant lexical correspond un formant grammatical. Il existe une règle lexicale qui pose que si le symbole de la séquence terminale n'est pas identique au symbole complexe Q du formant grammatical qui lui correspond dans la séquence préterminale, alors, la phrase est grammaticalement malformée et la malformation résulte de la violation d'une contrainte de sélection. Pour des raisons techniques que nous ne développerons pas ici, Chomsky a montré que dans le cadre d'une telle grammaire, la catégorie du substantif est dominante, du point de vue de la relation, sur celle du verbe et de l'adjectif. De la sorte, pour en revenir à mon exemple, la violation de la contrainte de sélection se traduirait par le fait que dans la séquence grammaticale associée à la phrase, le symbole complexe correspondant au formant grammatical du verbe ne comporterait pas le trait *sujet animé* qui figurerait dans la symbole complexe du formant lexical correspondant.

Il ne faut pas confondre les symboles complexes C et Q avec la *représentation sémantique*. Dans la grammaire définie dans *Aspects*, les traits de sélection qui composent les symboles complexes sont considérés comme des traits *syntaxiques* et non comme des traits sémantiques. L'hypothèse de la nature syntaxique des traits de sélection est conforme à la logique du modèle de grammaire avec composante sémantique interprétative. Il n'en reste pas moins que la position de Chomsky sur ce point est présentée dans *Aspects* avec beaucoup plus de prudence qu'on l'a en général retenu. La possibilité d'une reprise de la fonction des règles de sélection par la composante sémantique y est expressément envisagée. D'une manière plus générale, Chomsky a insisté sur le fait que « la relation entre règles syntaxiques et règles sémantiques n'est pas une affaire réglée et il reste un éventail de possibilités qui méritent un examen approfondi. »[2]

En outre la question des rapports entre syntaxe et sémantique dans la grammaire n'est pas la seule à être soulevée. En posant que les traits de sélection sont de nature syntaxique, Chomsky a été amené à différencier le cas des phrases dont

---

2. Noam Chomsky, *Aspects of the theory of syntax*, p. 159.

on peut expliquer l'anomalie par la violation d'une règle de sélection, de celles qui présentent une « incongruité purement sémantique ou pragmatique », qui relèvent de la composante sémantique et doivent être marquées dans la représentation sémantique de la phrase. A fortiori la nature des « incongruités pragmatiques » n'est pas spécifiée. Ceci doit être mis en rapport avec une autre remarque, celle qui concerne la distinction entre « système sémantique » et « système de connaissances ou de croyances ». Selon Chomsky, la frontière entre ces deux systèmes doit être considérée comme aussi incertaine que celle qui sépare sémantique et syntaxe car, note-t-il, « comme on l'a remarqué depuis longtemps, les deux systèmes paraissent interférer de manière obscure. »[3]

Soit la phrase :
(3) L'homme qui est mort hier frappe à la porte.

Quelle est la nature de l'« incongruité » de cette phrase ? Est-elle sémantique ou pragmatique ? Relève-t-elle ou non de la grammaire ? A ces questions, on peut répondre de manière pragmatique ; si on peut introduire quelque part dans la grammaire une règle dont la violation expliquerait la particularité de (3) et de phrases semblables, alors cette particularité relève de la grammaire et de la compétence linguistique. C'est ainsi que Kuroda procède à propos d'un autre cas, celui de :
(4) Le professeur a épousé Paul.

Cette phrase soulève une difficulté pour la théorie des contraintes de sélection. En effet, il faut pouvoir exclure des phrases telles que :
(5) Pierre a épousé Paul.

La solution à laquelle on pense aussitôt est de faire entrer dans le symbole complexe attaché au formant lexical qui donne *épousé* un trait de sélection qui impose que le sujet et l'objet de ce verbe soient de *genres* opposés. De fait, l'opposition, classique en grammaire française, entre *genre* et *sexe* pourrait apparaître comme un argument en faveur de la thèse du caractère syntaxique des traits de sélection. Malheureuse-

---

3. Noam Chomsky, *op. cit.*, p. 159.

ment, cette contrainte exclut aussi bien (4) que (5). Pour tourner cette difficulté, Kuroda a proposé d'introduire une transformation d'insertion lexicale susceptible d'insérer *dans la forme de base* des traits *sémantiques* du type (+ mâle) ou (— mâle). Dans le cas d'une phrase comme (4), une transformation substituerait dans un contexte tel que... *a épousé* (+ mâle), le trait (— mâle) au trait (+ mâle) attaché au formant lexical correspondant à *professeur*. Cette solution, tout en restant dans le cadre d'une conception interprétative de la composante sémantique, suppose un aménagement du modèle de grammaire exposé dans *Aspects*. Elle suppose une intervention du composant sémantique dans le composant syntaxique. Selon Kuroda, on pourrait caractériser sur cette base les cas de présupposition qui relèvent de la grammaire : le verbe *épouser* présupposerait un sujet et un complément de sexe (et non de genre) opposés, ce qui expliquerait que dans (4) on interprète le professeur comme désignant une femme et non un homme.

Le même type de solution pourrait valoir pour, par exemple, le docteur et même, depuis peu de temps, pour le commissaire de police puisque le concours vient d'en être ouvert aux femmes. Cette solution pose néanmoins encore un problème car elle ne permet pas, par exemple, d'exclure :

(6) Le curé a épousé Paul.

Certes, les cas où la solution n'est pas applicable, appartiennent à une liste fermée (qu'il faut supposer révisable comme le montre l'exemple du commissaire de police). Il suffirait alors d'indiquer dans le lexique les cas où la transformation de substitution de trait est ou n'est pas applicable. La solution apparaît alors fort peu satisfaisante du point de vue théorique car, entre autre chose, elle entame sérieusement le caractère déductif de la grammaire. Elle rend, même dans un cas encore relativement simple comme celui-ci, la frontière entre « système sémantique » et « système de croyances et de connaissances » bien perméable. En outre, les problèmes qui viennent d'être soulevés, mettent en évidence le lien qui existe dans ce type de grammaire entre la frontière qui est supposée séparer syntaxe et sémantique et celle qui doit permettre de distinguer « système sémantique » et « système de croyance et de connaissance ».

Il semble qu'il existe une solution pour sortir de cette impasse. Celle-ci consisterait à poser que la grammaire doit comporter des règles qui permettent de former et d'analyser (4) aussi bien que :

(7) Marie) a épousé Paul.

mais qu'il n'est pas du ressort de la grammaire de spécifier dans quels cas ces règles s'appliquent ou ne s'appliquent pas. En introduisant une distinction entre « système sémantique » et « système de croyance ou de connaissance », Chomsky reconnaît implicitement que sa conception de la grammaire laisse place à *un extérieur de la langue dans le langage*, à quelque chose qui échapperait à l'universalité qui fonderait la compétence linguistique à travers l'universalité des principes généraux sur lesquels reposeraient les règles de la grammaire, l'universalité de la théorie et des catégories phonétiques, l'universalité enfin des catégories sémantiques présupposée par la notion de représentation sémantique. Au-delà des divergences qui peuvent apparaître dans sa mise en œuvre, le projet transformationnaliste de grammaire vise à repousser aussi loin que possible la frontière entre ce qui dans le langage relèverait de la langue, et de la compétence linguistique, et ce qui constituerait l'extérieur de la langue dans le langage. Ce projet se développe en élaborant une conception de la subjectivité individuelle représentée par les opinions, les croyances, les convictions, etc... Il s'agit d'une forme de subjectivité universelle analogue à celle que représente la notion de *sujet épistémique* chez Piaget : « sous le sujet individuel, en sa conscience et son idéalisation particulière, il faut considérer les structures des coordinations d'actions communes à tous les sujets et ce sont ces coordinations générales (psychobiologiques autant que mentales) que nous appelons le sujet épistémique. »[4] Cette « définition » du sujet épistémique est à rapprocher d'une de celles que Chomsky propose pour la compétence linguistique : « il apparaît clair que nous devons considérer la compétence linguistique — la connaissance d'une langue — comme un système abstrait sous-tendant la perfor-

---

4. Jean Piaget : *Les problèmes principaux de l'épistémologie des mathématiques*, p. 563-564.

mance, système constitué par des lois qui concourent à déterminer la forme et le sens intrinsèque d'un nombre potentiellement infini de phrases. »[5] Chomsky précise que dans chaque système de ce type, c'est-à-dire dans chaque grammaire, « il y a des éléments particuliers, idio-syncratiques, qui déterminent une langue humaine spécifique, et des éléments universels généraux, conditions portant sur la forme et l'organisation de toute langue humaine et qui forme le sujet de l'étude de la *grammaire universelle.* »[6] Il y aurait donc trois niveaux à distinguer, une base universelle (innée), une structure intermédiaire qui, sous la forme de chaque langue particulière, en est une réalisation et enfin le niveau de la performance à son tour sous-tendu par le second, la connaissance de la langue. Chacun de ces niveaux est pressenti comme une condition de possibilité du suivant et chacun d'eux présuppose beaucoup plus que ce qui en est une réalisation particulière. Ainsi la base universelle doit être conçue comme la base de toutes les langues possibles, existantes ou non, passée, actuelle ou à venir. De même, la performance ne réalise jamais que de manière très partielle, la compétence qui nécessairement la sous-tend puisqu'elle ne porte jamais que sur un ensemble fini de phrases alors que la compétence doit pouvoir potentiellement s'étendre à un ensemble infini de phrases auquel chaque individu ne peut jamais être confronté que de manière extrêmement partielle. Chomsky précise ce point à propos des rapports entre *connaissance* et *expérience* en avançant que l'organisation du comportement présuppose une connaissance potentielle qui irait toujours bien au-delà de ce que peut renfermer l'expérience comme telle[7]. La notion de subjectivité individuelle, mais en même temps, les bases universelles innées de la compétence linguistique sont une potentialité de tout

---

5. Noam Chomsky : *Le langage et la pensée*, p. 106.
6. Noam Chomsky : *op. cit.*, p. 107.
7. « Je crois que si nous examinons le problème classique de la psychologie, celui de rendre compte de la connaissance humaine, nous ne pouvons éviter d'être frappé par l'énorme disparité entre connaissance et expérience. Dans le cas du langage, entre la grammaire générative qui exprime la compétence initiale du locuteur et les données maigres et dégénérées sur lesquelles il s'est construit cette grammaire ». Noam Chomsky, *op. cit.*, p. 115.

sujet pour autant qu'il soit apte à parler. C'est en ce sens qu'on peut parler d'une forme de subjectivité universelle, d'un sujet de la compétence linguistique.

Ici, il faut rappeler que les deux conceptions de la subjectivité qui se trouvent être affrontées, se présupposent l'une l'autre, ou plus précisément, que si la théorie nous présente une forme universelle de subjectivité comme condition de possibilité et d'existence de la subjectivité individuelle, c'est en réalité l'inverse, à savoir l'hypothèse de la subjectivité individuelle, son « évidence », qui rend nécessaire l'hypothèse rationaliste d'une forme de subjectivité universelle, en l'occurrence d'une « essence du langage humain »[8]. En d'autres termes, c'est parce qu'on pose un sujet source de comportement, de conduite, de choix, de décisions, ayant des opinions, des convictions, etc... que le problème des conditions de possibilité de ces comportements, conduites, etc..., en tant qu'ils sont organisés, se pose sous la forme de l'existence d'une forme de subjectivité universelle qui représente les propriétés de *tout* sujet possible pour autant qu'il est capable de penser et de parler. Dès lors, il n'est pas étonnant que ce qui se présente comme l'extérieur de la langue dans le langage soit rapporté aux opinions, convictions, croyances, etc... que chaque sujet peut partager ou ne pas partager.

Pour venir à bout des difficultés que rencontre la mise en œuvre du projet de grammaire défini dans *Aspects* — difficultés dont nous n'avons fait qu'évoquer certaines — au lieu d'adopter une solution de type pragmatique comme celle exposée par Kuroda, il a été proposé de renoncer à la séparation entre syntaxe et sémantique telle qu'elle était définie. On a commencé par poser comme Mc Cawley[9] que les traits de sélection ne sont pas de nature syntaxique mais sémantique. On est allé jusqu'à faire de la *représentation sémantique* la structure la plus profonde et en dériver les structures syntaxiques et les structures superficielles[10].

---

8. Noam Chomsky : *op. cit.*, p. 128.
9. Mc Cawley : *The role of semantics in grammar.*
10. Des exemples de grammaire de ce type sont proposés notamment par Hutchins : *The generation of syntactic structures from a semantic base.*

L'introduction de la notion de présupposition dans la théorie de la grammaire a d'abord été le fait de ceux qui voyaient dans les phénomènes de présuppositions une preuve concluante pour ne pas séparer sémantique et syntaxe[11]. Dans cette perspective, Lakoff[12] a introduit, en relation avec la notion de présupposition, une notion de *grammaticalité relative* qu'il propose de substituer à celle de *grammaticalité* élaborée par Chomsky dans *Aspects*. Ainsi, selon Lakoff, une phrase telle que :

(8) Le chien pense que le chat est méchant.

présuppose que les chiens peuvent penser. Si on partage cette opinion, la phrase sera jugée grammaticale, sinon elle sera déclaréee agrammaticale. La notion de grammaticalité est donc assujettie à la subjectivité individuelle, dépendante des croyances, opinions, convictions, connaissances, etc... que chacun partage ou ne partage pas. De la même façon, des phrases telles que :

(9) La terre tourne.

ou

(10) Le fer à repasser pèse plus lourd chaud que froid.

seraient jugées a-grammaticales par un lecteur pré-galiléen ou pré-relativiste. Il n'en reste pas moins que Lakoff insiste sur le fait que cette conception de la grammaticalité n'implique pas que le « savoir linguistique » ne puisse pas être séparé de la « connaissance du monde ». Au contraire, selon lui, les *principes généraux* qui permettraient d'appareiller une phrase et les présuppositions par rapport auxquelles elle est grammaticale font partie de la compétence linguistique et sont partagées par tout sujet connaissant la langue. L'un des arguments les plus forts en faveur de cette conception est l'existence de phrases présentant ce qui sera très généralement reconnu comme une « contradiction ». Ainsi la phrase :

(11) Il a été tué mais il n'est pas mort.

---

11. Voir David Lightfoot : *Les présuppositions dans la grammaire transformationnelle*.
12. Georges Lakoff : *Presupposition and relative well-formedness*.

Selon Lakoff, une telle contradiction doit être marquée dans la représentation sémantique de la phrase.

Considérons la phrase :

(12) Le fer à repasser est plus chaud mais il n'est pas plus lourd.

Pour un physicien qui reconnaît la validité de la théorie de la relativité, une telle phrase présente une contradiction dont la nature n'est pas distincte de celle qui apparaît dans (11). Cependant pour ceux qui n'ont jamais entendu parler du rapport masse-énergie, elle est parfaitement banale. Il semble donc dangereux de dire que la contradiction de (11), aussi bien que celle de (12) pour certains, fait partie de son « sens intrinsèque », pour reprendre les termes de Chomsky. Ceci met en évidence le lien qui existe entre la notion de « *contradiction* » dont il est fait ici usage et une *théorie de l'énonciation* dont il resterait à formuler les principes. Ce même lien, nous le retrouvons avec un exemple traité par Lakoff lui-même. A la suite de Searle, il fait remarquer que lorsqu'un juge lit une sentence dans un tribunal, il ne fait pas que lire cette sentence (comme chacun pourrait le faire, si, par exemple, elle est reproduite dans un journal), il accomplit ce que Searle appelle un *acte de langage*, c'est-à-dire un acte qui ne peut s'accomplir que par une énonciation dans certaines circonstances, en l'occurrence transformer un accusé en condamné. Pour ces raisons, Lakoff considère que la phrase :

(13) Bien que n'étant pas juge, Jean a lu la sentence, condamnant ainsi l'homme à la prison à perpétuité.

comporte une contradiction provenant du fait que le verbe *condamner* présuppose un sujet supposé avoir le pouvoir de condamner. Toujours selon Lakoff, la présupposition en question doit pouvoir être marquée dans la représentation sémantique de la phrase afin que la « contradiction » de (13) puisse être expliquée. La théorie de l'énonciation qui se trouve ici implicitement introduite dans la théorie de la grammaire a été développée par Austin et Searle. Il en sera longuement question quand nous traiterons de la théorie de la présupposition proposée par Ducrot. Pour conclure sur ce dernier aspect des conceptions développées au sujet de la présupposition dans la théorie de la grammaire, contentons-nous de remarquer que cette théorie de l'énonciation présuppose un sujet énonciateur de telle sorte qu'il apparaît bien qu'avec la notion de présupposition, c'est bien une forme de subjectivité qui se trouve réintroduite dans la grammaire.

CHAPITRE II

DE LA PRESUPPOSITION LOGIQUE A L'ACTE DE LANGAGE

I

Les contours de la notion de présupposition utilisés dans la perspective des grammaires génératives restent assez imprécis ; elle échappe à une appréhension intuitive à cause de l'habillage « technique » qui l'y recouvre (elle est définie par rapport à certains types de malformations non réductibles par les autres règles de grammaire). Avec Ducrot, nous retrouvons une notion beaucoup plus directement interprétable, ce qui évidemment est un avantage car cela donne l'illusion qu'il s'agit de quelque chose de beaucoup plus concret, et donc de plus réel, mais cela peut évidemment aussi être un piège. Ducrot l'a parfaitement bien vu et il nous semble qu'en parcourant l'ensemble des travaux qu'il a publiés sur la question dans leur succession chronologique, l'élaboration conceptuelle effectuée par lui sur la présupposition n'a d'autre finalité que d'échapper aux contradictions qui ne manquent pas de surgir lorsque la représentation subjective de la notion devient prévalente. Le point de départ de Ducrot, c'est la notion formée dans le domaine de la philosophie du langage (Frege, Strawson) où elle avait un contenu théorique, en relation avec la théorie de la référence, et en contrepartie, un sens « technique » en liaison avec la question du champ de la négation globale d'une proposition complexe. C'est ce sens « technique » qui est à l'œuvre lorsque Frege affirme que nier :

(14) Si le fer était moins dense que l'eau, il flotterait.

de la présupposition logique à l'acte de langage 43

ne revient pas à nier du même coup que le fer soit en fait plus dense que l'eau mais seulement la relation entre la densité par rapport à l'eau et la propriété de flotter sur l'eau. C'est du moins ce qui ressort de la confrontation avec :

   (15) Il est faux que si le fer était moins dense que l'eau, il flotterait.

Par contre, la même analyse ne s'applique pas à :

   (16) Le fer est plus dense que l'eau et il ne flotte pas.

qui, du point de vue de l'hydrostatique, est une paraphrase de (14). En d'autres termes, (16) ne se comporte pas de la même manière que (14) face à la négation globale comme l'indique la confrontation avec :

   (17) Il est faux que le fer est plus dense que l'eau et qu'il ne flotte pas.

Frege analyse ce phénomène en disant que la subordination dans (14) implique une dépendance entre les deux parties de la proposition qui explique qu'on ne puisse pas remplacer la proposition enchâssée par subordination par une autre proposition ayant même valeur de vérité comme dans :

   (18) Si le fer n'était pas oxydable, il flotterait.

Cette dépendance n'existe pas dans la « paraphrase » (16) puisqu'on peut faire ce remplacement sans changer la valeur de vérité de la proposition globale :

   (19) Le fer est oxydable et il ne flotte pas.

On dira donc, pour désigner cette dépendance, que (14) *présuppose* que le fer est en fait plus dense que l'eau.

Ducrot s'est emparé dans un premier temps du sens « technique » de la notion de présupposition, retenant avant tout le critère de la négation comme moyen de mettre en évidence la nécessité de distinguer dans un énoncé ce qu'il présuppose de ce qu'il pose. Ce sens « technique » a été provisoirement détaché du contenu théorique qui en est la contrepartie dans la théorie de la référence chez Frege et Strawson. A ce contenu théorique, a été substituée une définition d'abord très laxiste de la présupposition. S'appuyant sur l'idée que ce qui interdit (18) et autorise (14), c'est que nous percevons un lien entre le contenu des deux parties de (14), lien qui est en accord avec la dépendance marquée par la subordination, alors qu'un tel lien n'existe pas pour (18). D'où une des premières définitions : « Nous réservons le mot de « présupposition » pour désigner les représentations requises chez l'auditeur pour que l'énoncé s'intègre à une communication normale. »[1] Une telle définition est évidemment beaucoup trop large et ne cadre pas avec le sens « technique » de la notion. De plus elle fait de la reconnaissance des présupposés par l'auditeur une condition de l'emploi normal d'un énoncé alors que le contenu de la présupposition paraît ne pas devoir nécessairement être admis par l'auditeur mais faire figure d'hypothèse ou de position à partir de laquelle le locuteur énonce quelque chose. Ainsi,

(20) C'est la crise du pétrole qui rend nécessaire le blocage des salaires.

qui présuppose qu'un blocage des salaires est (en tout état de cause) nécessaire et énonce que *la* cause de cette nécessité est la crise actuelle du pétrole, s'insère très bien dans une communication normale sans que la nécessité de ce blocage soit unanimement admise ! On s'achemine ainsi vers une nouvelle définition qui cesse de faire des présupposés des conditions de l'emploi normal d'un énoncé pour les transformer en éléments de son contenu ayant un mode de présentation spécifique, lié à leur comportement dans la négation (comme d'ailleurs, dans l'interrogation et l'enchaînement)[2]. Ce passage, il faut le remarquer, est réalisé sur le terrain de l'interprétation de la notion reconstituée à partir de son sens « technique » dans un modèle de la communication et non sur celui de la théorie (celle de la référence chez Frege en tant que logicien) où elle avait été investie de son contenu théorique initial. Aussi n'est-il pas étonnant que ce passage s'accompagne d'une dissociation complète entre référence et présupposition opérée elle aussi évidemment sur le terrain de l'interprétation. Ce point est fondamental pour la suite de notre analyse ; aussi sommes-nous contraint, quoiqu'il en coûte, de faire digression pour considérer le rapport entre présupposition et référence chez Frege.

---

1. Oswald Ducrot : *Logique et linguistique*, p. 18.
2. Oswald Ducrot : *Présupposés et sous-entendus*.

II

L'élaboration conceptuelle de la notion de présupposition chez Frege fait partie du projet de constitution d'une *Begriffsschrift*, c'est-à-dire d'une écriture conceptuelle, destinée à remédier aux imperfections du langage naturel (*Sprache*), étant entendu que sur ce point Frege se réfère expressément à Leibniz et à l'idée qu'il suffit d'avoir un bon langage pour qu'il ne soit plus possible de dire ou d'écrire que ce qui est bien pensé, donc susceptible d'être dit vrai ou faux. Accessoirement, le travail de construction d'une telle écriture permet, comme on le verra, sinon d'éliminer les imperfections du langage ordinaire, du moins de les dissoudre, redonnant ainsi à ce langage un semblant de crédibilité dans son usage contrôlé. Pour que l'écriture conceptuelle ne soit pas dénuée de tout intérêt, il est nécessaire qu'un même « objet » puisse être désigné de plusieurs manières, ne serait-ce que pour pouvoir écrire que, dans un triangle ABC, l'intersection des médianes issues de A et de B et l'intersection des médianes issues de B et de C sont un seul et même « objet ». Dans la terminologie de Frege, on dira qu'on a affaire à des noms de *sens* différent ayant même *référence*. Frege identifie donc différence de sens et différence de forme et, par contre, il dissocie identité de sens et identité de référence. Ceci étant posé, Frege considère que les erreurs logiques provenant du fait que des expressions ayant l'apparence de nom propre n'ont pas de référence, ne sont pas moins dangereuses que celles qui viennent de l'ambiguïté des expressions dénoncées par tous les livres de logique. L'utilisation d'expressions telles que la « volonté du peuple » peut conduire à des abus démagogiques car, dit-il : « il est facile d'établir qu'en aucun sens cette expression n'a de référence reconnue »[3]. Donc, une écriture conceptuelle doit être telle que « chaque expression grammaticalement bien construite comme un nom propre, à l'aide de signes déjà introduits, doit en fait avoir une référence, et il ne doit pas être possible d'introduire de nouveaux signes comme des noms propres sans s'être assuré qu'ils ont bien une référence »[4].

---

3. Gottlob Frege : *Uber Sinn und Bedeutung*, p. 117.
4. *Ibid.*

Par ailleurs, nous l'avons dit, l'écriture conceptuelle doit être telle que toute proposition puisse être dite vraie ou fausse. Cette exigence, Frege l'a ramenée à la précédente en posant qu'une proposition, du point de vue logique, cela n'est en fin de compte qu'une manière de nommer le vrai ou le faux. D'où l'idée de considérer toutes les propositions comme des expressions de sens différent, comme des noms différents, ayant pour référence soit « Vrai » soit « Faux ». Si les exigences posées ci-dessus sont vérifiées, cette manière de considérer les propositions ne pose pas de difficultés particulières, elle présente même de sérieux avantages. Il faut encore ajouter que Frege précise qu'une telle exigence n'a de raison d'être que si l'on s'intéresse à la *connaissance* car l'on pourrait considérer d'autres usages du langage, en particulier la *fiction*, dans laquelle la question de la vérité ou de la fausseté des propositions n'a pas de sens car cet usage du langage ne vise pas la connaissance mais seulement les représentations ou sentiments éveillés par le sens des propositions ou encore « les belles sonorités de la langue ». Le problème, c'est que si les langues doivent rendre possible la fiction, elles ouvrent du même coup la voie à la démagogie (avoir choisi comme illustration « la volonté du peuple », c'est-à-dire une notion qui concerne la politique, n'est évidemment pas un hasard) et, du point de vue de la connaissance, à l'erreur ou à l'illusion. A ce titre, « les langues d'usage souffrent de ce défaut que l'on peut y former des expressions qui, si l'on examine la forme grammaticale, semblent déterminées et bonnes à désigner un objet, alors que, dans certains cas, cette détermination fait défaut car elle dépend de la vérité d'une proposition[5] ». De ces propositions, Frege dit qu'elles ne sont pas véritablement contenues dans les propositions où apparaissent les expressions grammaticalement référentielles correspondantes mais qu'elles sont seulement *vorausgesetzt* par celles-ci, c'est-à-dire instituées avant, préétablies, ou encore, comme on l'a généralement traduit, *présupposées*.

De ce qui précède, il ressort que c'est pour expliquer pourquoi les langues d'usage sont ainsi faites que, du point de vue

---

5. Frege, *op. cit.*, p. 116.

de la connaissance, leur emploi peut conduire à l'erreur, à l'illusion ou à la démagogie, que Frege introduit la notion de présupposition. Elle caractérise, du point de vue de la connaissance, le statut des expressions grammaticalement référentielles par rapport à celui des noms propres. Pour ce qui concerne ces derniers, Frege précise qu'« il ne peut en aucun cas dépendre de la vérité d'une pensée qu'ils aient ou non une référence »[6]. Bref, expressions grammaticalement référentielles et noms propres s'opposent en ce que, pour les premières, l'existence d'une référence dépend de la vérité d'une pensée alors que pour les seconds, elle ne peut reposer que sur une forme d'évidence. Pour Frege, « la volonté du peuple » n'a pas de référence « *généralement acceptée* », ce qui signifie que l'évidence en question n'est pas identifiable avec l'évidence subjective individuelle (laquelle pourrait dans sa singularité procéder de l'illusion) mais sur une sorte de consensus. Ceci nous amène à considérer à côté du *sens* et de la *référence*, le troisième terme de la théorie de la signification chez Frege, à savoir la *représentation* (*Vorstellung*).

Frege nous invite en effet à distinguer, en plus du sens et de la référence d'un signe, ce qu'il appelle sa représentation, laquelle est la forme subjective individuelle de la signification. Alors que le sens d'un signe peut être « la propriété commune de plusieurs individus » et que, par conséquent, il n'est pas partie « du mode de l'âme individuelle », la représentation, elle, doit toujours être « attribuée à quelqu'un et datée »[7]. Deux individus ne peuvent en effet jamais avoir la même représentation d'un même objet et, bien qu'il soit parfois possible de déceler des similitudes entre ces représentations, la comparaison ne peut pas être rigoureuse car « on ne saurait réunir ces représentations dans la même conscience »[8]. Il convient ici d'examiner de plus près comment Frege justifie ce caractère irréductiblement individuel de la représentation car c'est là un de ses points faibles. Il ne précise davantage ce qu'il entend par représentation que dans le cas

---

6. *Ibid.*, p. 117.
7. *Ibid.*, p. 106.
8. *Ibid.*

où le signe peut dénoter « un objet perceptible par les sens ». Il n'exclut cependant pas que l'on puisse parler des représentations évoquées par un signe qui n'aurait pas cette particularité (il envisage le cas du nom propre *Bucéphale*) pas plus qu'il n'exclut que les expressions référentielles dépourvues en fait de référence puissent donner lieu à représentation. Pour ces cas-là, il dit seulement qu'« un peintre, un cavalier et un naturaliste lieront sans doute des représentations bien différentes au nom « Bucéphale »[9] ». Dans le cas où le signe dénote un objet perceptible, la variété interindividuelle de la représentation est conçue comme étant de *nature psychologique*. Frege esquisse une psychologie de la perception et de son rapport avec les intuitions et les représentations qui fait intervenir les impressions sensibles et les actions internes ou externes qui y répondent ainsi que leurs traces dans l'âme. Si l'on se reporte à cette psychologie de la représentation et des intuitions, la variabilité interindividuelle ne peut avoir d'autre fondement que la variabilité interindividuelle des actions internes ou externes qui répondent aux impressions sensibles, c'est-à-dire en fin de compte l'individualité irréductible des processus de pensée. Chaque individu réagit à sa manière au monde sensible ; devant un objet perceptible chaque individu se forme sa représentation essentiellement irréductible à celle de tout autre individu ; chaque signe évoque dans l'esprit de l'auditeur une représentation qui ne peut pas être comparée à celle d'aucun autre individu face au même signe. Il n'en reste pas moins que le sens du signe, et par conséquent sa référence s'il en a une, sont des propriétés non individuelles, et c'est ce qui distingue la représentation du sens et de la référence. Mais alors, sur quoi peut être fondée cette non-individualité du sens et de la référence ? Certainement pas, vu ce qu'il en est des représentations, sur la singularité empirique de l'objet dénoté quand le signe peut dénoter un objet matériel. Pour ce qui concerne le sens, Frege indique deux bases distinctes de la non-individualité. Premièrement le fait qu'« on ne pourra pas nier que l'humanité possède un trésor commun de pensée qui se transmet d'une génération à l'autre »[10]. Deuxièmement,

---

9. *Ibid.*, p. 105.
10. *Ibid.*, p. 106.

l'idée que « le sens d'un nom propre est donné à quiconque connaît suffisamment la langue ou l'ensemble des désignations dont il fait partie »[11]. Le rapport entre ces deux bases de la non-individualité du sens — thesaurus de pensées commun à toutes les générations et connaissance de la langue ou des ensembles de désignation — reste cependant obscur. Pour ce qui concerne la référence, elle est nécessairement non-individuelle comme le sens parce que le lien entre le signe, son sens et sa référence est régulier et non variable comme celui du signe à la représentation. Toutefois, on ne peut pas dire que cette non-individualité de la référence *découle* de celle du sens puisque plusieurs sens distincts peuvent correspondre à la même référence. L'originalité de la théorie de la signification chez Frege tient à ce qu'il se refuse à considérer que le sens soit le dénominateur commun des représentations individuelles ou même qu'il procède de son rapport à la référence. En cela, sa théorie de la signification se démarque de toutes les conceptions empiristes ; notamment, il n'est pas possible de réduire au triangle de Ogden et Richards le système des trois termes : référence, sens et représentation. En l'absence d'autres bases théoriques, les conséquences de cette position sont que les rapports du sens et de la référence restent mystérieux et que, pour les noms propres sur lesquels en fin de compte tout repose, l'existence d'une référence et son identification ne peuvent être justifiées qu'en invoquant un consensus.

Cette difficulté de la théorie de la signification chez Frege est à mettre en relation avec sa conception des rapports de la connaissance à l'illusion, laquelle repose sur l'idée que ce n'est que dans et par le langage que l'une et l'autre sont mêlées, parce que les langues sont ainsi faites qu'il est possible de construire des expressions ayant grammaticalement (c'est-à-dire du point de vue du langage et du sens) valeur référentielle alors qu'on n'est pas assuré qu'elles ont en fait une référence. C'est en effet seulement si l'on fait porter sur les seuls noms propres le rapport de sens à la référence que l'on peut concevoir qu'une écriture conceptuelle puisse tenir la connaissance à l'abri de l'illusion ou puisse être, au-delà des mots, un langage de la

---

11. *Ibid.*, p. 104.

pensée connaissante dès qu'elle est telle que « chaque expression grammaticalement bien construite comme un nom propre, à l'aide de signes déjà introduits, a nécessairement une référence » et telle qu' « il ne soit pas possible d'introduire de nouveaux signes comme noms propres sans s'être assuré qu'ils ont bien une référence ». En résumé, la notion de présupposition chez Frege est inséparable du rôle fondamental assigné aux noms propres dans l'usage du langage visant la connaissance quand on conçoit que celle-ci ne se trouve mêlée à l'erreur ou à l'illusion que dans et par le langage.

III

Si nous revenons maintenant au travail d'élaboration conceptuelle effectué par Ducrot sur la présupposition, nous y distinguerons par commodité trois temps. Premier temps (celui dont nous avons déjà rendu compte) : reprise de la notion de présupposition à partir de son sens « technique » (en rapport avec la négation) et réinterprétation de cette notion dans le cadre d'un modèle de la communication (représentation requise chez l'auditeur pour que l'énoncé s'intègre à une communication normale). Deuxième temps : critique de la conception précédente faisant de la vérité des présupposés une condition de l'emploi normal des énoncés[12]. Cette critique se présente d'abord sous la forme d'un questionnement du travail de Frege considéré comme le représentant de cette thèse. La critique comporte deux aspects ; un aspect théorique qui nous semble peu pertinent car il passe à côté du contenu théorique de la notion chez Frege, et un aspect « technique » qui met au premier plan le critère de la négation. Troisième temps : reconnaissance de l'insuffisance du sens « technique » pour donner un fondement théorique autant qu'analytique (dans la production d'analyse sémantique d'énoncés) à la notion de présupposition et développement d'une théorie des rapports entre langue et discours susceptible de répondre à cette insuffisance. Nous allons maintenant exami-

---

12. Ainsi que de la conception instrumentaliste qui assimile la langue à un code.

ner le deuxième temps avant d'en venir au troisième qui est celui dans lequel interviennent les notions d'actes et de jeux de langage.

Avant d'amorcer notre nécessaire digression sur la théorie de la signification chez Frege, base de la théorie logique de la présupposition, nous avons avancé que la transformation que Ducrot a fait subir à sa première définition de la notion a été réalisée sans tenir compte du contenu théorique initial de celle-ci en mettant avant tout l'accent sur son sens « technique ». C'est ce qu'il nous faut maintenant justifier avant d'en tirer les conséquences d'autant plus que cette opération, comme nous venons de le dire en définissant le deuxième temps de la démarche de Ducrot, est présentée comme une critique de Frege comportant deux aspects, l'un théorique et l'autre technique. Commençons par l'aspect théorique. Alors que Frege insiste sur le fait que l'existence d'une référence n'a d'intérêt que si l'on vise la connaissance parce que « pour connaître, il faut unir à la pensée sa référence, c'est-à-dire la valeur de vérité de la pensée », Ducrot considère néanmoins que sa conception de la présupposition implique que les énoncés dont les présupposés ne sont pas vrais sont, de manière très générale, « logiquement inévaluables ». Toute la question est de savoir ce que veut dire « logiquement inévaluable ». Pour Frege cela signifie seulement que de tels énoncés n'ont pas de valeur, ou pire, peuvent être cause d'erreur ou d'illusion, du point de vue de la connaissance ou de la science. Il n'est donc nullement surprenant que, comme l'a fait remarquer Strawson[13], l'usage du mot *faux* chez Frege en rapport avec la notion de présupposition ne correspond pas à l'usage qui en est habituellement fait dans le « langage ordinaire ». Il est également exact que, comme le dit Ducrot, le logicien qui adopte la thèse selon laquelle un énoncé dont les présupposés sont faux est logiquement inévaluable, « construit un concept de fausseté beaucoup plus qu'il ne décrit un concept préexistant »[14]. Cela suppose toutefois que l'on se donne le concept de « logiquement inévaluable » ou, si l'on

---

13. P.F. Strawson : *Identifying reference and truth values*.
14. Ducrot, *Dire ou ne pas dire*, pp. 40-41.

préfère, celui de décidabilité. Mais qu'en est-il de ce concept de *faux* préexistant, susceptible de se révéler à l'« intuition linguistique immédiate », comme l'écrit Ducrot, de ce concept qu'il n'y aurait qu'à décrire et non à produire ? Nous contestons quant à nous formellement que l'on puisse parler d'un concept préexistant de *faux* qui serait à l'œuvre dans le langage en général. Nous aurons à revenir sur ce point car ce que dit ici Ducrot du mot *faux* vaut pour lui d'une manière générale pour n'importe quel mot dans lequel il reconnaît une signification littérale, immédiatement saisissable.

Ce que nous venons de voir au sujet de la critique de l'usage du mot *faux* chez Frege et du sens à donner à la thèse selon laquelle la vérité des présupposés est une condition de l'évaluabilité logique des énoncés s'applique d'une manière plus générale à l'idée selon laquelle Frege serait le champion de la conception qui assimile les présupposés à des conditions de l'emploi normal des énoncés et non à des éléments de leur contenu. Du point de vue de la problématique de Frege, « emploi normal », cela n'a guère de sens ; il faut préciser de quel usage il s'agit. Par ailleurs la position de Frege quant à savoir si les présupposés font ou non partie du contenu des énoncés (de leur sens dans sa terminologie) est, malgré ce qu'il dit quand il introduit le mot *vorausgesetzt*, beaucoup plus nuancée que ne le laisse entendre Ducrot : la question n'est pas cruciale de son point de vue. Plus fondamentalement, les perspectives de Ducrot et celle de Frege sont radicalement différentes du point de vue théorique. Frege ne cherche pas, comme le prétend abusivement Ducrot, la logique dans le langage, il veut seulement définir *un* usage logique du langage (logique signifiant ici propre à la connaissance et à la science). Ducrot, au contraire, cherche dans le langage *une* logique[15] qui serait en même temps une sémantique : l'entreprise présup-

---

15. C'est tout au moins de cette manière que Ducrot définissait son projet en 1966 (« Une fois qu'on s'est débarrassé de l'idée qu'il faut à tout prix retrouver *la* logique dans le langage, il reste possible de chercher *une* logique dans le langage » — Ducrot, *Logique et linguistique*). Bien que non reprise sous cette forme explicite dans les travaux plus récents, la conception large de la logique du langage exposée dès 1966 se retrouve au niveau du composant linguistique dans ce qui est désormais appelé « description sémantique ».

pose qu'une telle logique existe, ce qui ne nous paraît pas évident.

De ce qui précède, il ressort que, comme nous l'avions annoncé, même si l'on peut admettre que les critiques de Frege par Ducrot sur le plan théorique ne sont pas radicalement incompatibles avec la problématique de Frege, compte tenu des contradictions et des obscurités que fait apparaître sa formulation, cette critique passe pour l'essentiel à côté de la problématique en question — comme du reste les critiques formulées par Strawson et par Russell. Maintenant, si nous gardons en tête que Ducrot cherche une logique dans le langage, on comprend mieux que la notion de présupposition chez Frege lui paraisse trop restrictive, en ce qu'elle est limitée à certains usages du langage. Pour étendre donc la notion de présupposition, Ducrot se fonde sur le sens « technique » que la notion a chez Frege en liaison avec la question de la négation. Ceci a amené Ducrot à mettre en cause le lien entre présupposition et référence. Sur ce point, on remarquera d'abord qu'il n'est pas évident que ce lien soit aussi étroit chez Frege qu'on veut bien le dire puisqu'il montre quel rapport il y a entre le fonctionnement des expressions dites référentielles et par exemple celui des subordonnées conditionnelles comme dans :

(21) Si Pierre était parti, Jean serait revenu.

La critique de Ducrot ne porte cependant pas là ; elle conteste le traitement différentiel appliqué aux deux types de relatives, les restrictives et les descriptives. Pour Frege, lorsqu'elle fonctionne de manière descriptive, la relative n'introduit pas de présupposés. Il prend comme exemple de descriptive le cas où la relative se rapporte à un nom propre comme dans :

(22) Jean, qui sait que Pierre est là, ne viendra pas.

Frege considère que, du point de vue de la présupposition, il n'y a pas de différence entre cet énoncé et le suivant :

(23) Jean sait que Pierre est là et il ne viendra pas.

Pour Ducrot, au contraire, l'application du critère de la négation conduit à distinguer dans (22) ce que cet énoncé « présuppose » (que Pierre est là) de ce qu'il « pose » (que

Jean ne viendra pas). Il nous semble que cette conclusion est un peu hâtive et qu'elle ne repose que sur une « intuition linguistique » que rien ne permet de justifier par ailleurs. On peut en particulier remarquer que l'énoncé :

 (24) Il est faux que Jean, qui sait que Pierre est là, ne viendra pas.

est souvent jugé mal formé et est interprété de manière variable (ce qui n'est pas le cas quand la relative est restrictive). Ceci n'est toutefois pas un argument suffisant. Pour y voir un peu plus clair, il est utile de considérer les cas où le statut de la relative est ambigu. Soit par exemple :

 (25) Les syndicats qui défendent les travailleurs appellent à la grève.

Cet énoncé est interprété de deux manières différentes, selon que l'on considère que tous les syndicats défendent les travailleurs (de fait ou par définition) et donc aussi appellent à la grève, ou bien que seuls certains syndicats appellent à la grève, ceux précisément qui défendent les travailleurs alors que les autres ne les défendent en fait pas.

Expérimentalement, on constate que l'interprétation d'un tel énoncé dépend plus de l'« opinion » de chacun que de la présence ou de l'absence de virgules ou d'une intonation caractéristique. De plus dans l'énoncé :

 (26) Il est faux que les syndicats qui défendent les travailleurs appellent à la grève.

la relative est massivement interprétée comme une restrictive quelle que soit l'intonation ou la ponctuation. Ce deuxième argument, tout en allant aussi dans le sens de la position de Frege, n'est pas encore décisif. La question est de savoir si la différence entre les deux fonctionnements de la relative tient à ce que l'une présuppose le contenu de la relative et pas l'autre ou à autre chose. Pour éclairer un peu cette question, il est utile d'analyser les conditions dans lesquelles une relative peut fonctionner comme descriptive. En dehors du cas des noms propres, il y a deux autres possibilités. La première est celle où l'identification de la référence est assurée indépendamment du contenu de la relative. C'est le cas par exemple avec :

 (27) Le garçon que tu as vu hier, qui est venu me voir, est de nouveau là.

Dans un tel énoncé, il y a des chances pour que la seconde relative fonctionne comme une descriptive bien que l'on puisse imaginer des conditions dans lesquelles les deux relatives joueraient le même rôle. Il apparaît donc que ce sont les conditions d'emploi de l'énoncé qui déterminent le fonctionnement effectif de la relative comme on l'a déjà vu dans (25).

La deuxième possibilité de fonctionnement descriptif de la relative est celle où le contenu de celle-ci peut-être considéré comme une propriété générale de ce qui est désigné par le groupe nominal auquel elle se rapporte. Dans ce cas, la relative ne semble pas pouvoir jouer de rôle déterminatif. Il en est probablement ainsi pour nous dans :

(28) Les chiens, qui sont des animaux, peuvent être domestiqués.

car il est peu vraisemblable que cet énoncé soit interprété comme s'il s'appliquait à une espèce de chiens particulière, ceux qui sont des animaux, et pas aux autres. S'il en est ainsi, c'est que l'animalité est une propriété généralement reconnue aux chiens. La deuxième possibilité d'avoir un fonctionnement descriptif de la relative ne fait donc pas seulement intervenir les conditions d'emploi de celle-ci mais le contenu même de cet énoncé : il faut que les propriétés énoncées par relative puissent apparaître comme étant des propriétés universellement reconnues. De quelle sorte de propriétés peut-il s'agir sinon de celles qui procèdent de connaissances scientifiques ou de ce qui se donne pour tel, c'est-à-dire des propriétés considérées comme faisant partie de la *nature* des objets désignés (comme l'animalité du chien) ?

Il ressort de notre analyse que le mode de fonctionnement des relatives n'est pas une propriété intrinsèque des énoncés dans lesquels elles apparaissent mais qu'il peut dépendre de ce que nous appellerons par la suite les conditions de fonctionnement de ces énoncés. Ceci nous permet de préciser l'enjeu théorique de la discussion sur le rapport entre le mode de fonctionnement des relatives et la présupposition. Si l'on admet comme Frege que c'est seulement dans le cas où la relative fonctionne sur le mode restrictif qu'il y a présupposition, alors on est nécessairement conduit à la conclusion que l'existence ou la non-existence de tels présupposés dans un énoncé peut dépendre de ses conditions de fonctionnement et pas seulement de l'énoncé pris isolément. Ce n'est pas la même chose que dire que les présupposés font partie des conditions d'emploi car ceci n'a de sens que si l'on pose que, de toute manière, l'énoncé comporte des présupposés. Si l'on admet que la présence de virgules ou d'une intonation caractéristique est interprétée de manière variable, si l'on admet en outre que le critère de la négation ne fournit pas un argument permettant d'établir incontestablement que les énoncés dans lesquels une relative fonctionne sur le mode descriptif comportent une présupposition liée à cette relative, alors, on ne peut exclure sans autre justification que la présence d'une relative, c'est-à-dire d'une propriété syntaxique *de la phrase*, soit seulement une condition nécessaire et non une condition suffisante pour qu'il y ait présupposition *dans l'énoncé*. Au moins dans ce cas, il devient possible de considérer la présence d'une présupposition comme un mode de fonctionnement possible de l'énoncé et non comme une caractéristique de la phrase correspondante. En affirmant que la présupposition est de nature linguistique et non discursive, c'est très précisément ce que veut nier Ducrot. Il reste que cette position ne peut être fondée sur le seul sens technique de la notion et qu'il faut faire intervenir une théorie des rapports entre langue et discours. Ducrot reconnaît lui-même que les règles de négation, d'interrogation et d'enchaînement qui lui ont servi à montrer la nécessité de distinguer ce qu'un énoncé pose et ce qu'il présuppose « ne sauraient constituer une procédure de découverte qui produirait, immédiatement, des analyses linguistiques de détail »[16] et que, si ces règles « fournissent à la rigueur des conditions nécessaires pour qu'un énoncé soit dit « présupposé », il serait fort dangereux de le considérer comme des conditions suffisantes »[17]. Il faut donc en venir au troisième temps du travail d'élaboration conceptuelle de la notion de présupposition réalisé par Ducrot.

---

16. Oswald Ducrot : *Dire ou ne pas dire*, p. 103.
17. *Ibid.*

IV

La notion de présupposition chez Ducrot prend place dans un projet théorique qui vise à mettre en évidence l'existence d'*une logique dans la langue* alors que, généralement, les rapports de la logique et du langage sont conçus comme étant de nature exclusivement discursive. Cette logique de la langue, qui est aussi conçue comme une sémantique, est assimilée comme on le verra, aux règles du jeu instituant les rapports entre les individus dans le langage. En ce sens, elle constituerait aussi une *psychologie sociale de la langue*. C'est ainsi que Ducrot affirme que « le phénomène de la présupposition (...) fait apparaître à l'intérieur de la langue, tout un dispositif de conventions et de lois, qui doit se comprendre comme un cadre institutionnel réglant le débat des individus. »[18]. Ailleurs il écrit que « si on prend en considération le phénomène de la présupposition, et si on le définit, à notre façon, comme un pouvoir juridique donné au locuteur sur le destinataire, il faut alors admettre que l'action des interlocuteurs les uns sur les autres n'est pas un effet accidentel de la parole mais qu'elle est prévue dans l'organisation même de la langue »[19], il ajoute que par conséquent la langue est « bien plus qu'un simple instrument pour communiquer des informations », qu'« elle comporte inscrit dans la syntaxe et le lexique tout un code des rapports humains. »[20]

Les citations qui précèdent nous rappellent que Ducrot fonde sa conception de la présupposition, en tant que forme d'implicite, sur une critique de l'assimilation de la langue à un code, instrument de la communication ou moyen de manifester la pensée par des symboles qui la rendent accessible. Plus précisément, s'il n'est pas possible de considérer que la langue est un code, c'est que cette représentation de celle-ci ne laisse aucune place au besoin psychologique et social d'une forme *consciente* d'implicite qui doit nécessairement pouvoir se manifester dans et par le langage. C'est là pour lui le rôle de la présupposition.

---

18. *Ibid.*, p. 97-98.
19. *Ibid.*, p. 98.
20. *Ibid.*

D'une certaine manière, on peut dire que Ducrot retourne à l'envers le problème de Frege. Ce dernier cherche à délivrer le langage de l'illusion et de la démagogie qui s'y immiscent à cause de certains « défauts » des langues d'usage. Ducrot, à l'inverse, part de l'idée qu'il existe un besoin à la fois social et psychologique d'illusion et de démagogie, sciemment voulues, pour faire l'hypothèse que la langue doit nécessairement être telle qu'elle rende possible cette production volontaire de l'illusion et de la démagogie[21].

C'est pourquoi Ducrot esquisse une théorie de la persuasion et de l'influence sociale qui n'est pas sans rapport avec celle des psychosociologues qui ont voulu traiter cette question. Il part de l'idée que « tout ce qui est dit peut être contredit » et que donc, « on ne saurait annoncer une opinion ou un désir, sans les désigner du même coup aux objections éventuelles des interlocuteurs. »[22] Il serait donc nécessaire « à toute croyance fondamentale, qu'il s'agisse d'une idéologie sociale ou d'un parti pris personnel, de trouver, si elle s'exprime, un moyen d'expression qui ne l'étale pas, qui n'en fasse pas un objet assignable, donc contestable. »[23] Il ajoute que cette croyance a besoin de s'exprimer parce qu'elle trouve « sa principale force, et sa source première d'évidence, dans son perpétuel rabâchage. »[24] Il faut donc pouvoir dire sans avoir dit, exprimer effectivement certains contenus (croyances, parti pris personnel ou idéologie sociale) sans pour autant pouvoir être contraint d'avoir à reconnaître qu'on les a volontairement exprimés. Il faudrait donc non seulement pouvoir coder les contenus — c'est nécessaire pour qu'ils soient effectivement exprimés — mais encore il faudrait qu'ils puissent être codés de telle manière que la responsabilité de les avoir exprimés ne puisse pas être imputable au locuteur. En d'autres termes, il faudrait que dans la manifestation volontaire de ces contenus, soit effacé leur rapport au sujet de l'énonciation.

---

21. Bien que nous ayons signalé que Ducrot par ailleurs critique la conception instrumentaliste du langage, il faut noter ici que c'est bien un retour vers une conception de cette nature qui est opéré.
22. Oswald Ducrot, *Dire ou ne pas dire*, p. 6.
23. *Ibid.*
24. *Ibid.*

Plus exactement, il faudrait concevoir un processus de *dédoublement du sujet de l'énonciation*, l'un de ces sujets étant identifié au locuteur et étant supposé prendre en charge les contenus posés, l'autre le double du premier, n'étant plus identifiable au locuteur et prenant de ce fait le statut du sujet dit universel. On comprendrait alors que les contenus rapportés à ce deuxième sujet de l'énonciation paraissent investis de cette sorte d'évidence qui est l'attribut du sujet dit universel, sujet de la science ou de ce qui se donne pour tel.

En introduisant le processus de dédoublement du sujet de l'énonciation dont nous venons d'indiquer les principes, nous ne pensions que donner une base théorique à ce qui resterait autrement bien mystérieux, à savoir le pourquoi de l'efficacité, reconnue par Ducrot lui-même, du mode de présentation spécifique des contenus que constitue la présupposition. Il va cependant sans dire qu'en invoquant ce processus nous introduisons des éléments théoriques qui n'apparaissent pas dans l'analyse de Ducrot et qui relèvent non plus de la théorie psychosociologique de la persuation et de l'influence, mais de ce à quoi il faut rapporter les concepts de sujet universel et d'identification, à savoir la théorie des idéologies et des formes d'existence de la subjectivité. Ce n'est pas dans cette direction que s'est engagé Ducrot puisque son objectif est de montrer que la présupposition est de nature linguistique, ce qui signifie que les présupposés doivent être considérés comme faisant partie de la signification littérale des énoncés. C'est là qu'intervient la distinction fondamentale dans le cadre de sa problématique des présupposés et des sous-entendus.

La distinction des présupposés et des sous-entendus, telle qu'elle est produite par Ducrot, repose sur une première distinction opérée dans l'ensemble des significations qui peuvent être associées à un énoncé : la distinction entre *signification littérale* et *signification non littérale*. A cette première distinction en est superposée une seconde, celle de l'implicite et du non implicite. Tout l'apport théorique de Ducrot par rapport à ses prédécesseurs se ramène à poser que, ces deux distinctions étant admises, elles ne se recoupent pas de sorte que les significations associées à un énoncé peuvent être réparties en quatre catégories définies par le tableau ci-après :

	implicite	explicite
littéral	présupposés	posés
non littéral	sous-entendus	conclusions nécessaires

Nous avons vu sur quoi est fondée la distinction de l'implicite et de l'explicite : sur le besoin psychologique et social de l'implicitation. Le reste repose sur l'opposition du littéral et du non littéral. C'est précisément cette distinction que Ducrot identifie à celle de la langue et du discours. Ce faisant, il confère à cette opposition un contenu théorique qui, s'il renoue avec des conceptions antérieures de ce rapport, n'en demande pas moins à être discuté, justement par ce que ces conceptions impliquent du point de vue de la théorie de la signification. Nous y reviendrons donc après avoir examiné sur quoi Ducrot fonde la distinction du littéral et du non littéral.

D'emblée, la distinction en question apparaît problématique, à la fois présupposée et à justifier. La distinction est présupposée quand il est dit que pour saisir l'implicite de la présupposition, supposé faire partie de la signification littérale, « aucune démarche logique ou psychologique n'est nécessaire, qui serait différente par nature des mécanismes utilisés pour comprendre les significations linguistiques les plus élémentaires », alors qu'il n'en serait pas de même des significations qui peuvent être discursivement associées à un énoncé. La distinction est encore présupposée lorsqu'on dit que les rapports d'un énoncé aux significations littérales est un rapport immédiat et stable. L'immédiateté du rapport met en jeu le rapport du sujet à l'énoncé et à la langue. Par là on fait l'hypothèse qu'une partie *stable* (c'est-à-dire indépendante des sujets) est susceptible d'être donnée à « quiconque connaît suffisamment la langue » (pour reprendre les termes de Frege) ou encore qu'elle peut se révéler à l'« intuition immédiate » (pour reprendre cette fois les termes de Ducrot lui-même). Ainsi se trouve justifié ce que nous avons annoncé à propos de la discussion du statut du concept de *faux* chez Frege opposé à celui que lui donne Strawson et, à sa suite, Ducrot (cf. p ; 51). Mais alors que le sujet n'intervenait chez Frege qu'au niveau des rapports entre le sens et la référence des noms propres, cette intervention de la subjectivité linguistique (dont on devrait dire, si on lui donne droit de cité, qu'elle est de nature psychosociale) est étendue à l'ensemble des rapports de signification. Par contraste avec la stabilité et l'immédiateté du rapport d'un énoncé à ses significations littérales, les significations non littérales (les sous-entendus et les conclusions nécessaires) entretiennent avec l'énoncé un rapport médiat et instable. La médiateté de ce nouveau rapport serait due au fait qu'une démarche intellectuelle ou psychologique doit intervenir, démarche qui prend pour base les significations littérales et assure le passage aux significations non littérales et qui a la forme d'une association de significations ou d'une inférence. Ducrot est sur ce point en plein accord avec Searle qui écrit que « le discours figuratif est parasitaire par rapport au discours littéral puisque (selon lui) il n'est pas possible d'énoncer une phrase en lui donnant un sens figuratif si on n'a pas le sens littéral pour base de l'usage figuratif. »[25] La seule différence est que là où Searle parle de « discours littéral », Ducrot parle de significations linguistiques littérales. Pour ce qui concerne le deuxième aspect des significations non littérales, leur variabilité découlerait du fait que leur rapport à l'énoncé fait intervenir des processus psychologiques ou cognitifs qui peuvent varier d'un sujet à l'autre, en fonction du contexte et des « circonstances de l'élocution », ce qui indique qu'on est dans l'ordre du discours (intervention de l'énonciation).

Ils nous faut préciser dès maintenant que nous ne nions pas que dans les processus de production ou de reproduction des significations, il y ait lieu de distinguer deux types de processus, deux niveaux de l'effet de signification correspondant respectivement à ce qui est pour le moment désigné par significations littérales et significations non littérales. Par contre nous contestons qu'il soit possible de parler d'une *sémantique de la langue* dont le projet de constitution est implicitement contenu dans la notion même de *signification littérale* telle qu'elle a été jusqu'à présent définie par Ducrot,

---

25. John R. Searle : *Human communication theory and the philosophy of language*, p. 124.

c'est-à-dire affublée des propriétés d'immédiateté, de stabilité, d'accessibilité directe à l'intuition linguistique. Cette incidence, tout en fixant notre horizon, nous ramène au caractère problématique de la distinction posée par Ducrot, à l'intérieur même de son propre discours. Jusqu'à présent, dans l'examen du fonctionnement de cette distinction, nous nous sommes arrêtés aux endroits où elle est présupposée ; la théorie de la signification qui se trouve par là esquissée reste compatible avec de nombreuses conceptions qui ont encore cours en la matière, y compris la conception nominaliste traditionnelle. C'est pourtant une distance par rapport à cette conception qui est prise ailleurs lorsqu'il est dit que « les significations des énoncés pris hors contexte (donc les significations littérales) ne constituent nullement des faits ou des données, mais relèvent d'une libre décision du linguiste.»[26] En prenant cette position, Ducrot renoue avec la perspective chomskienne d'une formalisation de l'intuition linguistique bien qu'il ne reprenne pas à son compte tous les présupposés adoptés par les transformationnalistes de l'école de Cambridge dans la mise en œuvre de leur projet. Pour Ducrot, il s'agit de définir ce que l'on peut raisonnablement entendre par *description sémantique d'une langue*.

Rappelons un fois de plus que pour Chomsky, une grammaire est un dispositif qui doit satisfaire deux conditions :

a) être susceptible de faire correspondre, au moyen d'un ensemble fini de règles formelles, toute représentation phonétique d'une phrase dans un système de catégories phonétiques universelles, une ou éventuellement plusieurs descriptions sémantiques de cette phrase dans un système de catégories sémantiques universelles, et

b) rendre compte des propriétés des phrases (ambiguïté, relations de sens, grammaticalité ou déviance par rapport à la grammaticalité) telles qu'elles se révèlent à l'intuition linguistique immédiate de tout sujet parlant cette langue.

Le projet de description sémantique de Ducrot paraît à première vue beaucoup plus ambitieux puisqu'une telle des-

---

26. O. Ducrot : *Dire ou ne pas dire*, p. 112.

cription est définie comme « un ensemble de connaissances qui permettent de prévoir le sens que reçoit effectivement un énoncé de la langue dans chacune des situations où il est employé. »[27] Le caractère fort ambitieux du projet tient à ce qu'il doit faire intervenir une certaine analyse des situations dont on voit assez mal en quoi elle pourrait consister. Le projet chomkien paraît plus limité car il présuppose que par l'intermédiaire de l'intuition linguistique, on peut se détacher du contexte et accéder aux représentation sémantiques, le rapport entre celles-ci et les significations n'étant pas considéré comme étant du ressort de la grammaire mais de celui de la théorie de la performance. Ducrot, lui, considère que « ce qu'on appelle occurrence hors contexte, ce n'est qu'une occurrence dans un contexte artificiellement simplifié »[28], et que par conséquent, les significations constatées dans ces conditions peuvent ne pas permettre de prévoir le sens effectivement reçu dans les contextes naturels. La divergence entre les deux projets apparaît comme étant plus une différence de méthode (fondée sur une appréciation différente des conditions réelles de réalisation du projet) qu'une divergence de fond car Ducrot suppose quand même que l'on peut définir une signification littérale non contextuelle. Cette différence d'approches explique également que Ducrot rejette l'idée qu'il faut poser *à priori* que la description sémantique des énoncés permettant de prévoir leur sens effectif dans chaque situation d'emploi doit se faire au moyen d'un métalangage universel (système de catégories universelles et de relations entre ces catégories). La possibilité d'une description en termes de catégories universelles apparaît alors comme étant un résultat éventuel de la réalisation du projet. Toujours pour les mêmes raisons Ducrot ne dit rien de la nécessité de représenter les énoncés dans un système de catégories phonétiques universelles ou quelque chose d'équivalent. Enfin Ducrot rejette aussi comme une exigence de départ, l'idée que des règles permettant de calculer la description de la signification soient comme le veulent les chomskiens en nombre fini. Par contre, Ducrot retient l'exigence selon laquelle à une relation de sens intuitivement per-

---

27. *Ibid.*, p. 106.
28. *Ibid.*, p. 107.

çue R entre deux énoncés A et B d'une langue L doit correspondre une relation formelle R' dans le métalangage de description L'. Moyennant tout ce qui précède, Ducrot a paré à nombre d'objections formulées à l'encontre de ce qui, à tort ou à raison, a pu apparaître comme des exigences arbitraires du projet chomskien.

Pour ce qui concerne le projet de Ducrot, son caractère à première vue utopique n'est pas une raison suffisante pour l'écarter comme hypothèse de travail susceptible de produire une certaine connaissance des phénomènes de signification. Là encore, les seules raisons pertinentes tiennent à ce que sa mise en œuvre peut incorporer comme hypothèse sur la théorie de la signification. Or, c'est là que nous retrouvons l'opposition du littéral et du non littéral et celle du discours et de la langue. Dès qu'il commence à essayer de préciser davantage ce projet, Ducrot est contraint de distinguer dans l'ensemble des connaissances nécessaires pour prédire les sens d'un énoncé dans ses différentes situations d'emploi, une *composante linguistique* qui « assignerait à chaque énoncé, indépendamment de tout contexte une certaine description, que nous appelons signification » [29] et une *composante rhétorique* qui aurait pour tâche, étant donné la signification attachée à un énoncé par la composante linguistique et étant donné les circonstances dans lesquelles il est prononcé, de prévoir le sens effectif de cet énoncé dans cette situation. Il est en effet, compte tenu de ce qui a été posé (et de ce dont on n'a pas voulu tenir compte), de la plus grande urgence de prendre les mesures nécessaires pour ne pas tomber dans la confusion où l'on serait plongé du fait d'avoir à expliquer que l'énoncé *Quel temps !* contient les significations de *nous n'avons rien à dire !, il fait un temps de chien*, etc... Ce faisant, nous sommes passés d'une définition toujours présupposée de l'opposition du littéral et du non littéral à une définition purement opérationnelle, liée à l'exigence d'une valeur prédictive de la signification identifiée à sa description sémantique. L'intérêt qu'il y a à considérer cette définition opérationnelle est qu'elle réduit au minimum les hypothèses contenues dans l'opposi-

---

29. *Ibid.*, p. 111.

tion du littéral et du non littéral en faisant apparaître l'hypothèse fondamentale qui sous-tend toute la théorie de la signification qui est implicitement incorporée dans ce projet de description sémantique de la langue, à savoir l'hypothèse selon laquelle *la discursivité n'interviendrait que dans le passage, dans les situations d'emploi, de la signification au sens et nullement dans le procès de production et de reproduction des significations elles-mêmes*. Cette hypothèse, si elle est conforme à la sorte d'évidence empirique que produirait, par l'intervention de l' « intuition linguistique » la contemplation du langage dans son fonctionnement par rapport à lui-même, n'en est pas moins celle que nous réfuterons plus loin. Auparavant, pour en terminer avec les bases théoriques du travail d'élaboration conceptuelle réalisé par Ducrot sur la notion de présupposition, il nous faut examiner les effets de cette hypothèse sur la théorie de la langue et sur celle de la signification. C'est cette hypothèse qui ouvre la voie à l'assimilation de la langue à un jeu qui se confondrait largement avec l'existence quotidienne, jeu dans lequel prendrait place la présupposition assimilée à un acte de langage, comme le mouvement d'une pièce dans le jeu d'échecs. C'est ce que nous allons maintenant voir.

V

Dès le début de la critique de la conception qui assimile la langue à un code par laquelle Ducrot veut s'opposer à ce que l'on place tout l'implicite du côté discursif, il écrit : « on cessera de définir la langue à la façon de Saussure, comme un code, c'est-à-dire un instrument de la communication, mais on la considèrera comme un jeu, ou plus exactement comme posant les règles d'un jeu qui se confond largement avec l'existence quotidienne »[30]. Cette prise de position est un peu surprenante dans la mesure même où, en des endroits décisifs du point de vue de la coupure qui marque son apport théorique aux fondements de la linguistique, Saussure s'est servi de la

---

30. Oswald Ducrot, *Dire ou ne pas dire*, pp. 4-5.

comparaison de la langue à un jeu. La comparaison est utilisée par Saussure :

a) au moment où il pose l'opposition de ce qui dans le langage est interne à la langue et de ce qui lui est externe : « est interne tout ce qui change le système à un degré quelconque » donc pas la matière dont sont faites les unités (resp. pour le jeu d'échecs, la matière ou la forme matérielle des pièces), ni le fait que la langue soit passée de la Rome antique à la Gaule (resp. pour le jeu de la Perse à l'Europe) mais par contre l'augmentation ou la diminution du nombre de pièces car elle « atteint profondément « la grammaire » du jeu . »[31]

b) au moment où il pose l'opposition de la diachronie et de la synchronie en disant que seules comptent les positions respectives des unités et non le fait qu'on soit arrivé à ces positions par tel ou tel chemin (resp. la position des pièces sur l'échiquier à une étape du jeu et non, pour la suite de la partie, le fait d'y être arrivé par telle ou telle suite de mouvements et de coups).

c) et enfin, et c'est là le plus important, au moment où il définit la valeur par opposition à la signification. Nous avons déjà écrit ailleurs que « le principe de la subordination de la signification à la valeur peut être considéré comme le noyau de la rupture — nous aurions dû écrire *coupure* — saussurienne »[32] en nous appuyant sur les conclusions de l'interrogation épistémologique à laquelle Claudine Normand a soumis le *Cours de Linguistique Générale*[33]. Nous avons ajouté que « c'est ce principe étroitement lié à l'idée de la langue comme système, qui ouvre la possibilité d'une théorie générale de la langue », sous ses aspects phonologiques, morphologiques et syntaxiques, en fondant l'*autonomie relative* de ces propriétés par rapport à la sémantique. Nous avons également à ce propos montré que la coupure en question laisse en dehors de son champ la sémantique et que, pour en traiter, Saussure fait

---

31. Ferdinand de Saussure, *Cours de linguistique générale*.
32. Cl. Haroche, P. Henry, M. Pêcheux : *La sémantique et la coupure saussurienne*, p. 96.
33. Claudine Normand : *Propositions et notes en vue d'une lecture de Ferdinand de Saussure*.

intervenir à nouveau la parole et le sujet, ce qui est en contradiction avec le fait que le principe ci-dessus rappelé a « pour effet de couper à tout retour au sujet, quand il s'agit de la langue ». Saussure invoque alors l'institution sociale ou renvoie la question de la sémantique à la constitution d'une sémiologie en tant que théorie générale des signes. C'est une manière de dire que la signification n'est pas proprement de nature linguistique. De cette conclusion, nous retenons quant à nous qu'effectivement la signification n'est pas de nature linguistique au sens de Saussure, si ce n'est dans son rapport avec la phonologie, la morphologie et la syntaxe. Par contre nous rejetons l'idée que le principe d'une solution soit à rechercher dans une quelconque sémiologie ou dans l'identification de la langue à une institution sociale (au sens où l'on entend généralement ce mot), n'y voyant qu'un masque destiné à refouler la nécessité d'un recours à une théorie des idéologies et de l'effet sujet dont les projets ne pouvaient pas être pris en compte par Saussure car ils dépendent des coupures produites ailleurs, dans l'œuvre théorique de Marx et dans celle de Freud, pour être précis.

Ce qui précède justifie la prise de position de Ducrot à condition toutefois qu'on la restreigne au seul domaine de la sémantique. Sur ce terrain il est exact que Saussure ne parvient pas à aller au-delà d'une conception de la langue en tant qu'instrument permettant aux sujets de « voir leurs pensées » et de se les communiquer. Toutefois cette interrogation critique de Saussure, Ducrot ne la mène pas pour s'engager dans la voie que nous venons d'indiquer quelques lignes plus haut, mais pour aller de l'avant dans une direction que nous dirons diamétralement opposée. D'une certaine manière, ce que propose Ducrot, c'est de transposer au domaine de la signification la comparaison de la langue à un jeu, comparaison qui ne vaut bien comprise que pour la phonologie, la morphologie et la syntaxe, c'est-à-dire pour ce qui, du fait de son autonomie relative, est forme du langage considéré dans son rapport avec lui-même. Ducrot, en outre, ne se contente pas d'une comparaison qui chez Saussure peut apparaître comme n'ayant avant tout qu'une valeur didactique. Il identifie effectivement la langue à un jeu qui, non seulement réglerait les rapports interpersonnels, dans la mesure où ceux-ci s'accomplissent par le langage, mais encore en serait la substance même.

Pour arriver à cette conclusion, Ducrot se fonde en la transformant sur la théorie des *actes de langage* de Searle et sur son analyse de l'*activité* accomplie en jouant à un jeu comme le jeu d'échecs[34]. Selon Searle, les règles d'un jeu comme le jeu d'échecs ont une caractéristique fondamentale, elles sont *constitutives* du jeu en ce sens que :

a) on pourrait imaginer d'autres règles et donc d'autres jeux.

b) sans les règles le jeu n'existerait pas et l'on ne pourrait pas s'engager dans le type d'activité que constitue le fait de jouer une partie d'échecs. Pour préciser davantage ce qu'il entend quand il dit que les règles des échecs sont constitutives, Searle oppose le jeu d'échecs à un jeu imaginaire qu'il décrit de la manière suivante :

> « Imaginons (...) une société de sadiques dont les membres aiment à se faire mal entre eux en se criant dans les oreilles. Supposons que pour satisfaire ce penchant, ils adoptent la convention de toujours crier BANG afin de produire cet effet. Dans ce cas, comme dans celui des échecs, il s'agit d'une activité impliquant une convention. Mais à la différence des échecs, la convention ne manifeste pas ici des règles constitutives sous-jacentes. Contrairement au cas des échecs, ce procédé conventionnel vise à obtenir un résultat naturel. »[35]

Grâce à ce jeu imaginaire, Searle peut différencier la *nature constitutive* des règles de la *forme conventionnelle* grâce auxquelles elles sont représentées. Cette distinction est encore précisée en faisant remarquer qu'il serait possible de donner une autre forme au jeu d'échecs, par exemple en remplaçant l'échiquier par une suite de nombres et les pièces par d'autres symboles appropriés et en associant à chaque symbole le nombre correspondant à la case où serait la pièce représentée par ce symbole sur l'échiquier. Le jeu reste un « jeu d'échecs » dans la mesure où, dans la transposition, on conserve les règles. Ayant ainsi caractérisé les règles du jeu d'échecs en disant

---

34. John R. Searle : *Speech Acts*.
35. *Ibid.*, p. 79.

qu'elles sont constitutives, on peut ajouter que s'engager dans une partie d'échecs implique une soumission délibérée aux règles du jeu d'où les actes accomplis en déplaçant les pièces sur l'échiquier (si l'on s'en tient à la forme traditionnelle) tirent leur valeur et leurs effets. C'est uniquement si l'on se conforme à ces règles que les actes accomplis peuvent être interprétés par le partenaire comme manifestant *l'intention* de s'engager avec lui dans l'activité que constitue jouer une partie d'échecs. De là nous tirons que pour Searle, tricher n'est pas jouer et ce n'est pas par hasard, selon nous, que le jeu d'échecs soit choisi comme modèle privilégié car, sauf circonstances tout à fait exceptionnelles, on ne peut pas tricher au jeu d'échecs ni bluffer : c'est un jeu sans ambiguïté. Cela ne veut cependant pas dire qu'on ne puisse pas s'interroger sur la stratégie de l'adversaire, mais celle-ci ne peut se concevoir que comme une séquence d'actes, qui, pris chacun isolément, ne souffrent pas d'ambiguïté.

Ayant fait cette analyse de ce qu'est un jeu d'échecs, Searle pose la question de savoir ce qu'il en est de l'analogie entre jeu et langage. « Parler, dit Searle, c'est adopter une forme de comportement régi par des règles » en précisant que les règles en question ne sont pas « les conventions particulières auxquelles on obéit en parlant telle ou telle langue » mais les règles sous-jacentes « actualisées et manifestées dans les conventions comme dans l'exemple des échecs. »[36] Il lui faut d'abord justifier que de telles règles existent bien et pour cela, il se fonde sur l'inter-traductibilité des langues naturelles. Selon lui, « des langues naturelles différentes représentent des applications conventionnelles différentes des mêmes règles sous-jacentes »[37] exactement comme les deux *formes* du jeu d'échecs, la forme classique et la forme où l'échiquier est remplacé par une suite de nombres, représentent deux applications conventionnelles différentes des règles du jeu d'échecs. En un sens, on pourrait considérer que cette conception des règles trouve une justification dans la conception des grammaires transformationnelles dans laquelle on considère que

---

36. J.R. Searle, *Les actes de langage*, p. 81.
37. *Ibid.*, p. 80.

seule la structure profonde contribue au sens et que de plus elle est universelle. Nous serions alors ramenés aux problèmes posés dans la première partie de ce travail. Mais les choses ne sont pas aussi simples que cela car Searle considère que l'analogie entre l'activité de langage et les jeux ne tient plus dès que les significations sont en cause. Cette prise de position introduit une contradiction dans la théorie de Searle que Ducrot[38] n'a pas manqué de relever et sur laquelle nous aurons à revenir. Pour l'instant, si cette identification des règles est exclue, de quelles sortes de règles veut parler Searle ? L'important, de son point de vue, est que ces règles définissent ce que l'on fait en parlant et donc que ne pas s'y soumettre soit équivalent à renoncer à parler ; elles doivent être à prendre ou à laisser. C'est seulement à ce titre qu'elles peuvent être constitutives comme celles du jeu d'échecs. Il y a toutefois une différence. A défaut de jouer aux échecs, il y aurait une activité ludique qui pourrait se réaliser de diverses manières et par rapport à laquelle les règles du jeu d'échecs perdraient relativement leur caractère contraignant. Au contraire pour le jeu que l'on jouerait en parlant, *à condition que ce soit avec l'intention de signifier*, il n'y aurait pas de solution de rechange. C'est là qu'intervient la notion *d'acte illocutionnaire* (notion qu'il reprend à Austin[39]), en tant qu'acte qu'on ne peut accomplir qu'en parlant et par nul autre moyen sauf à revenir à une conception purement instrumentaliste du langage (ce que Searle ne semble pas totalement résolu à exclure puisqu'il envisage que les actes illocutionnaires pourraient, éventuellement, tous être exécutables en dehors de tout système de règles constitutives. Il ne s'arrête cependant pas à cette hypothèse mais l'éventualité en question est à mettre en rapport avec la limitation qu'il impose à l'analogie entre langage et jeu). La notion d'acte illocutionnaire se définit par rapport à une analyse de ce que l'on fait quand on dit quelque chose.

Voici, schématiquement résumés, les différents types d'actes que Searle considère que l'on peut accomplir en disant quelque chose :

---

38. Oswald Ducrot, Préface à la traduction française de *Speech Acts* de J.R. Searle, p. 20.
39. J.L. Austin, *How to do things with words*.

de la présupposition logique à l'acte de langage 71

a) prononcer une phrase (équivalent de déplacer une pièce sur l'échiquier conformément aux règles de déplacement des pièces sans pour autant prétendre prendre part à une partie).

b) signifier quelque chose, c'est-à-dire, quand il s'agit du langage, accomplir un acte tel que : affirmer, ordonner, promettre, poser une question, commander ou quelque chose de semblable (équivalent à déplacer une pièce, conformément aux règles, quand c'est à son tour de jouer et avec l'intention de prendre part à une partie).

c) chercher à produire, par le fait d'avoir signifié quelque chose, certains effets sur le destinataire (mettre l'adversaire en difficulté, chercher à gagner la partie, etc...)

Si on accepte cette analyse de ce que cela peut être que dire quelque chose, on constate que l'accomplissement de (b) suppose celle d'un acte comme (a) et que celle de (c) suppose celle de (b) et de (a). C'est l'acte correspondant à (b) qu'on appelle *acte illocutionnaire*, (a) étant dit *acte locutionnaire* et (c) *acte perlocutionnaire*. Or ce qui distingue (b) de (a) c'est selon Searle *l'intentionnalité* en ce sens que l'on peut dire une phrase sans la signifier comme lorsque l'on prend cette phrase pour la soumettre à une analyse linguistique. *Searle fait donc de l'intentionnalité du locuteur un élément essentiel sans lequel ce qui est dit n'est pas une parole.*

Nous pouvons maintenant préciser à quelle sorte de règles Searle fait allusion lorsqu'il dit que « parler c'est adopter une forme de comportement régi par des règles ». L'acte locutionnaire est celui qui correspond au seul niveau des conventions par lesquelles les règles peuvent être appliquées. L'acte perlocutionnaire caractérise le but recherché par le fait d'adopter le comportement en question et non le comportement luimême. Seul l'acte illocutionnaire est constitutif et correspond à la mise en œuvre de l'équivalent des règles sous-jacentes du jeu d'échecs. Ce sont donc les règles qui régissent les actes illocutionnaires qui constituent la substance spécifique de l'activité de langage. Ces règles-là sont à prendre ou à laisser et il n'y a de choix qu'à un deuxième niveau, entre par exemple dire *je promets* plutôt que *I promise*, ce qui serait là une affaire de convention alors que « le fait qu'employer certains procédés pour exprimer une promesse (dans une situation appropriée) revienne à se soumettre à une obligation, est ici affaire des règles et non de conventions propres au français et à l'anglais. »[40]

Ceci étant posé, il reste comme nous l'avons dit déjà que pour Searle, il ne peut y avoir entre l'accomplissement d'actes de langage et jeux plus qu'une analogie partielle car, dit-il « les pièces d'un jeu comme les échecs, n'ont pas pour caractéristique de signifier quoi que ce soit. »[41] Donc il se refuse à identifier purement et simplement la langue à un jeu. Cela tient essentiellement à deux raisons. Première raison : sur le point de considérer que tous les actes illocutionnaires ne sont pas exécutables en dehors de la langue en tant que système de règles qui les constituent, c'est-à-dire au moment de poser que leur signification n'est définissable que par rapport à la langue (donc contenue dans la langue) Searle hésite. Or, admettre qu'il puisse en être ainsi, c'est renoncer au caractère constitutif des règles pour ne leur conserver qu'un caractère conventionnel. Deuxième raison (beaucoup plus fondamentale et non indépendante de la première), Searle ne se résoud pas à considérer que les règles sous-jacentes, les règles constitutives peuvent être considérées elles aussi, en un autre sens, comme conventionnelles. En d'autres termes, il ne reconnaît pas ce qu'on a appelé *l'arbitraire généralisé* ou *arbitraire du système*, lequel doit être soigneusement distingué de l'arbitraire du signe. Ducrot a insisté à juste titre sur le fait que ce n'est pas l'arbitraire du signe qui marque la coupure saussurienne ; selon lui, c'est la reconnaissance de l'arbitraire du système exprimée chez Saussure par l'idée que la langue est une institution sociale et que les règles de la langue sont conventionnelles. L'idée de considérer le signe comme arbitraire est bien antérieure à Saussure et, à elle seule, elle ne nous sort pas du nominalisme. Mais l'identification de la langue à une institution sociale est le point faible de la théorie saussurienne ; il procède de l'anthropomorphisme sociologique de son temps qui constitue la société en sujet. C'est l'in-

---

40. J.R. Searle, *Les actes de langage*, p. 80.
41. *Ibid.*, p. 83.

tervention de la « masse parlante », des « forces sociales *agissant* leur (pour les sujets parlants) la langue », du fait que la « langue n'est pas libre », du fait que « le temps use la langue comme il use les vieux murs ». Nous pourrions multiplier les citations qui, dans le *Cours de Linguistique Générale* marquent le caractère pré-matérialiste de la conception du temps et de la société dans ses rapports avec le langage. Cela a déjà été fait ailleurs[42], aussi nous n'y insisterons pas sinon pour dire : (1) que la question des rapports du langage et des formations sociales reste posée, ne serait-ce que sous forme négative : les langues (et non plus *la* langue) ne sont pas des superstructures, bien qu'elles ne soient pas pour autant hors de l'histoire des formations sociales, (2) l'effet sujet en tant qu'effet matériel est à considérer, pour une part, comme un produit de l'autonomie relative de ce qui dans le langage est « fait de la langue » (au sens saussurien). Pour nous donc, on l'a déjà rappelé plus haut, la coupure saussurienne se repère non au niveau de l'arbitraire du système mais de la distinction de la valeur et de la signification, laquelle fonde l'autonomie relative de la morphologie, de la phonologie et de la syntaxe et des effets de sens dont cette autonomie est une condition de production. C'est cela que désigne le concept de langue en tant que condition de la connaissance de ces aspects du fonctionnement matériel du langage.

C'est à partir des positions théoriques que nous venons de rappeler que nous allons examiner la dernière phase de l'opération que réalise Ducrot en identifiant présupposition et acte illocutionnaire après avoir réinterprété, en se fondant sur l'arbitraire du système, la théorie de Searle. Pour Ducrot, c'est en effet une convention sociale qui confère aux actes illocutionnaires leur valeur illocutionnaire. Pour dire cela, il critique la théorie des *performatifs* de Benveniste, lequel avait expliqué le caractère performatif d'expressions comme *je promets* (en disant *je promets*, je ne fais pas qu'affirmer quelque chose, j'accomplis l'acte de promettre) en disant qu'elle procède (a) de l'emploi du pronom personnel *je* par lequel le locuteur se désigne lui-même dans son propre discours et du présent de

---

42. Voir notamment Cl. Normand, *op. cit.*

l'indicatif qui représente dans le discours le moment de l'énonciation (*je promettais* et *il promet* ne sont pas performatifs) (b) du fait qu'un verbe comme *promettre* désigne un « acte individuel de portée sociale » ou encore que « les actes dénotés par ces verbes soient regardés comme contraignants ». Benveniste voit dans l'existence de ces verbes, comme dans celle du pronom personnel *je* et du présent de l'indicatif, la marque de la *présence de la subjectivité dans le langage*. Ce que désigne ainsi Benveniste par subjectivité n'est rien d'autre que la forme passive de l'intentionnalité de Searle (et, soit dit en passant, pour nous, la subjectivité n'est pas plus *dans le langage* que l'intentionnalité puisqu'elles doivent être l'une et l'autre conçues comme effet). Ducrot récuse l'analyse de Benveniste car pour étendre à la présupposition le caractère illocutionnaire des performatifs, il lui faut détacher ce caractère de l'emploi de morphèmes « sui-référentiels » comme *je* ou le présent de l'indicatif qu'on ne repère pas, *en surface tout au moins*, dans de nombreux cas de présupposition. Sa critique repose sur l'idée que des deux conditions de Benveniste, l'une n'est pas nécessaire et l'autre n'est pas suffisante. La première condition apparaît non nécessaire dès qu'on considère, comme Austin et Searle, le performatif comme un cas particulier d'illocutionnaire alors que, *en surface*, les autres illocutionnaires ne s'accompagnent pas toujours de l'emploi de morphèmes « sui-référentiels ». Pour ce qui concerne la seconde condition, elle ne serait pas suffisante parce qu'il y a bien d'autres actes individuels de portée sociale tels qu'employer les verbes qui les désignent à la première personne de l'indicatif présent ne puisse pas être considéré comme l'accomplissement de l'acte en question. C'est « *la société* qui, selon Ducrot, intervient pour attribuer à la formule *je te défie* un pouvoir particulier, pour donner à son emploi cet effet que le destinataire « perd la face » (ou, simplement, doit s'avouer inférieur) s'il n'est pas capable d'accompagner l'action en question, avec la contrepartie que le locuteur doit le reconnaître pour son égal s'il en est capable. »[43] Ce pouvoir que la société conférerait à certaines formules, il le qualifie de *juridique*. C'est ainsi qu'il dit

---

43. Oswald Ducrot, *Dire ou ne pas dire*, p. 72.

que *je te blâme,* au moins dit par un supérieur à un inférieur, a pour effet que « l'inférieur est alors marqué d'une certaine qualification qui, désormais, fait partie de sa *personnalité juridique* (souligné par nous). »[44] A partir de là, Ducrot pose une série de définitions :

Action : « toute activité d'un *sujet* (souligné par nous) lorsqu'on la caractérise d'après les modifications qu'elle apporte, ou veut apporter, dans le monde (y compris les modifications apportées à la situation, physique ou sociale, du *sujet agissant* — souligné par nous —) ».

Action juridique : activité (d'un sujet donc) « caractérisée par une transformation des rapports légaux existant entre les *individus* (souligné par nous) concernés ».

Acte juridique : « cas particulier de l'action juridique (...) lorsqu'on considère la transformation des rapports légaux comme l'effet premier de l'activité, et non comme la conséquence d'un effet logiquement ou chronologiquement antérieur. »[45] Cela signifie que commettre un crime n'est pas en soi une action juridique même si cela relève de la loi, mais l'énoncé d'une sentence par un magistrat est, par contre, un acte juridique. C'est donc bien la société qui confère à l'acte sa nature et non l'acte qui est en lui-même de nature juridique, de la même façon que c'est la *société* qui confère à l'acte de dire *je promets* un caractère qualifié, de ce fait, de juridique. La définition de l'acte juridique n'a donc d'autre fonction que d'effacer l'intentionnalité ou la subjectivité attachée à l'action telle qu'elle a été définie car on ne juge pas les intentions : vouloir la mort de quelqu'un n'est pas un crime mais seulement le fait d'avoir tué quelqu'un. Bref, en faisant intervenir la société en tant qu'instance du juridique, Ducrot ne fait donc rien d'autre qu'effacer la subjectivité (passive) ou l'intentionnalité (active) que Benveniste (pour le performatif) et Searle (plus généralement pour l'illocutionnaire) avaient mis dans la définition de l'acte illocutionnaire. Ce faisant, Ducrot ne fait que se soumettre à la loi de l'Idéologie (au sens où Althusser emploie ce terme dans *Idéologies et appareils idéolo-*

---

44. O. Ducrot, *ibid.*, p. 72.
45. *Ibid.*, p. 77.

giques d'Etat... Althusser, 1970) qui veut que *poser la société comme sujet ou l'homme comme sujet ne sont que deux faces d'une seule, et même opération.* En outre, il démontre une fois de plus, s'il en était encore besoin, que l'idéologie juridique est l'instance dominante de l'idéologique dans le monde de production capitaliste (Althusser, *ibid*.)

Moyennant tout ce qui précède, il est possible de dire que la présupposition, en tant qu'acte illocutionnaire, est un acte juridique. En d'autres termes, dire :

C'est toi qui viendras.

c'est *juridiquement*, du point de vue de la loi de la langue, dire *quelqu'un viendra* et par ailleurs énoncer que le quelqu'un qui viendra est le *tu* auquel le discours s'adresse. A ceci on peut ajouter que la sanction à l'infraction à la loi de la langue est la polémique en tant qu'elle marque la différence qu'il y a entre répondre par :

(29) Non, c'est Pierre.

ou par :

(30) Non, personne ne viendra.

à l'énoncé précédent.

Pour identifier complètement la langue à un jeu dont les règles sont des règles juridiques, au sens ainsi défini, il ne reste qu'à faire remarquer que tout ce qui précède ne tient qu'à condition de s'entendre sur la signification, ou tout au moins sur *une* signification des mots. C'est uniquement à cette condition que l'on peut dire que :

(31) Pierre se doute que Jean viendra.

énonce juridiquement (= présuppose) *Jean viendra*. En d'autres termes, il faut admettre que la société confère juridiquement aux mots une signification, une signification littérale. En ce sens ergoter sur la signification des mots est l'équivalent de polémiquer sur les présupposés. C'est pourquoi, nous avons pu annoncer plus haut que la distinction de la signification discursivement dérivée et de la signification littérale, est la condition qui, sur le plan théorique, ouvre la voie à l'identification de la langue à un jeu « qui se confond largement avec l'existence quotidienne ». Ducrot le réalise en étant plus saussurien que Saussure dans l'identification de la langue à une institution sociale. Cela lui permet d'inclure, sous forme de substance, les significations littérales dans la langue.

Est-ce à dire pour autant que nous nions l'existence des dictionnaires, des écoles, de l'Académie, des décrets ou des lois par lesquels on légifère en matière de significations et de la langue ? Ne faut-il pas justement y voir la preuve de l'intervention de la société en matière de langue ? A cette question, nous répondons catégoriquement, pour ce qui concerne *la langue*, par la négative. Une langue ne se crée pas par décrets et l'intervention directe ou indirecte de l'Etat en la matière se fait par l'intermédiaire d'appareils idéologiques d'Etat notamment, et de manière prépondérante dans notre société, par l'école. Etant de nature idéologique, cette intervention légiférante de l'état en matière de langue ne peut que codifier des emplois, elle ne produit pas par elle-même des significations. Il reste que l'Etat n'est pas la société, ou pour parler en termes un peu plus précis, la formation sociale. Nous ne nierons évidemment pas que les processus par lesquels des significations sont produites et reproduites, en tant qu'*effets de signification*, opèrent à l'intérieur de la formation sociale et de ses divers appareils idéologiques. Mais, justement, la formation sociale n'est pas composée de sujets ; on ne peut y définir que des *places* auxquelles sont attachées des conditions de production et de reproduction des significations.[46] De ce point de vue, il n'y a plus de significations littérales, valables pour tous et c'est même la raison pour laquelle l'Etat, directement ou indirectement, intervient par le biais des instances (ce que dit le droit) que nous avons vues. L'intervention idéologique de l'Etat n'a pas en effet d'autre raison d'être que d'instituer une unité fictive de la formation sociale qui s'oppose en la masquant à la lutte des classes pour reproduire les rapports de classe et partant les rapports sociaux de production. Nous reviendrons sur tous ces points dans la deuxième partie de cet ouvrage mais il nous faut encore ajouter que, par son intervention idéologique, l'Etat reproduit « également » travailleurs et non travailleurs comme sujets idéologiques même en matière de langage, mais l'une des conditions de possibilité et, simulta-

---

46. M. Pêcheux, *Analyse automatique du discours*.

nément, l'une des limites de cette intervention est l'autonomie relative de la langue, le fait que la langue n'est pas une superstructure. Nous l'avons déjà dit mais nous ne le répéterons jamais assez, cette autonomie relative est l'une des conditions de production de l'effet sujet et comme telle elle est nécessaire pour comprendre le processus par lequel les hommes en tant que supports biologiques sont produits comme sujets de l'Idéologie et de l'Etat. Or, c'est précisément là que nous retrouvons le problème laissé de côté par Ducrot de la nécessaire prise en considération des rapports de la sémantique et de la syntaxe.

VI

La manière dont Ducrot a critiqué la théorie des performatifs chez Benveniste n'est pas convaincante. L'argument essentiel avancé par Ducrot est qu'il y a nombre de verbes désignant « des actes individuels de portée sociale » tels que le fait de les employer à la première personne de l'indicatif présent ne puisse pas être considéré comme l'accomplissement de l'acte qu'ils désignent. Or, il nous semble que tous les exemples qu'il nous propose peuvent être interprétés comme allant exactement à l'encontre de cette thèse. Il nous donne quatre exemples : *Je te réconforte, je te méprise, je t'estime, je me moque de toi.* D'une part, ces quatre exemples, à la différence de *je promets, j'ordonne*, font tous intervenir non seulement le *je* mais également le pronom réfléchi de la deuxième personne. Il est cependant vrai qu'on peut dire *je réconforte, je méprise, j'estime, je me moque* sans préciser qui ou quoi on réconforte, méprise, etc... On désigne ainsi l'action qu'on est en train de faire. Mais il faut reconnaître également que ce n'est que dans des circonstances assez exceptionnelles que *je promets* ou *j'ordonne* peuvent être considérés comme l'accomplissement d'une promesse ou le fait de donner un ordre sans qu'on ait à spécifier ce que l'on promet ou ce que l'on ordonne. Autrement cela peut aussi désigner simplement l'action que l'on est en train d'entreprendre, *je promets* (= je suis en train de faire une promesse) comme *je marche* (= je suis en train de marcher) ou *j'écris* (= je suis en train d'écrire). Inversement, il ne nous paraît pas du tout évident qu'en disant, dans certaines circonstances, *je te réconforte*, on ne puisse pas par là même réconforter quelqu'un. De même en envoyant à quelqu'un un télégramme avec ces seuls mots *je me moque de toi*, est-on, oui ou non, en train de se moquer du destinataire ? Il n'est donc plus du tout aussi évident qu'en disant *je promets*, j'accomplis toujours une promesse, ni qu'en disant *je te réconforte* on n'accomplisse pas l'action de réconforter quelqu'un. Du reste Ducrot indique lui-même le rôle des « circonstances » quand il traite de l'exemple de *je te blâme*, puisque pour dire que ces mots sont identifiables avec l'action de blâmer, il faut que *je* soit un supérieur s'adressant à un inférieur. Mais alors si les « circonstances » jouent un tel rôle, peut-on encore considérer que le caractère performatif ou illocutionnaire de *je promets* ou de *je te blâme* fait partie d'une quelconque signification littérale de ces énoncés ? Dès lors, la présence de morphèmes « sui-référentiels » qui est, elle, une caractéristique syntaxique et sémantique, *en tant qu'effet de sens de la syntaxe*, reprend de son importance. Il reste qu'en toutes circonstances, *je marche* ne saurait (à la différence de *je parle*, *je mens*, entre autres) être considéré comme une manière quelconque d'accomplir l'action de marcher *si ce n'est dans un sens qu'on dira figuré* (*je marche* = *j'accepte* ou *je suis d'accord*). Or, on peut aussi remarquer qu'il y a bien d'autres manières de faire une promesse que de dire *je promets* de sorte que les significations qui peuvent être attachées à cet énoncé ne lui sont pas spécifiques. C'est reconnaître que *je promets* peut commuter avec d'autres surfaces si on examine cet énoncé non plus de manière isolée mais dans le cadre de la discursivité. On verra apparaître comme substituts possibles de *je promets* des choses comme *je m'engage à*, *il est de mon devoir de*, etc..., y compris des expressions qui seront jugées ne pouvoir signifier la même chose que *je promets* que dans un sens dit figuré (en référence au dictionnaire). Or, non seulement ces « équivalents » de *je promets* dépendront du contexte mais encore ils varieront dans le temps et en fonction de la *place* à partir de laquelle les énoncés sont produits ou interprétés. Mais alors, *je promets* n'est pas aussi différent de *je marche* qu'on a bien voulu le dire sauf si l'on admet que derrière tous les « équivalents » possibles de l'un de ces énoncés, il y a une signification immanente, un noyau invariant, ce qui est revenir à la thèse d'un système universel des concepts et au problème de la représentation sémantique.

Les mêmes remarques valent évidemment pour l'opposition *se douter que / penser que*, à la différence toutefois que cette opposition est codifiée dans les dictionnaires. Mais est-ce là une raison suffisante pour considérer que, dans tous ses emplois, *se douter que* se différencie de *penser que* par le fait que ces emplois présupposent la vérité de ce dont on se doute ? A notre point de vue non, cela ne peut être vrai que dans le cas où les conditions de production et de reproduction de la signification de ces énoncés excluent une commutation, ce qui n'est pas vrai dans tous les cas. Il apparaît donc maintenant que la conception de la langue chez Ducrot va de pair avec une conception extrêmement restrictive de la discursivité. Comme il le reconnaît lui-même, il la réduit comme Kant et Leibniz, à une forme de déductibilité. C'est du moins ce qui apparaît quand il écrit qu' « il y a une raison supplémentaire pour refuser à la description des présupposés un caractère discursif, c'est que, dans de nombreux cas (...), le présupposé ne saurait, en aucune façon, se déduire du posé, même si l'on donne au mot déduire un sens tout à fait large. »[47] Nous lui accordons ses prémisses (que le présupposé ne peut en général se déduire du posé) mais non ses conclusions.

---

47. *Ibid.*, p. 24.

CONCLUSION

ENONCE, ACTE DE LANGAGE, ET PRESUPPOSITION : L'ENVERS DE LA CONFIGURATION EPISTEMIQUE DE LA LINGUISTIQUE

Au terme de l'examen des théories linguistiques de la présupposition qui a été l'objet des chapitres précédents — examen dont on ne contestera pas la partialité —, on retiendra que si les deux courants de la linguistique qui font appel à la notion de présupposition paraissent dominés par des problématiques divergentes, l'une concernant les rapports entre sémantique et syntaxe dans une grammaire générative, l'autre les rapports entre langue et discours dans le langage, ils se rejoignent sur de nombreux points dans leur utilisation de cette notion. Chez Ducrot, la notion de présupposition permet de développer une critique de la réduction de la langue à un code, un instrument de la communication ou de la pensée. Toutefois, cette critique est étroitement liée à la question de la présupposition dont elle épouse les limites. Elle n'empêche pas un retour à un certain fonctionnalisme dans la mesure où ce sur quoi reposerait la présupposition serait l'existence dans la langue de quelque chose qui rendrait possible une modalité d'insertion des contenus sous forme d'implicite littéral dont la nécessité est justifiée par les considérations de nature psychosociologique (cf. pp. 57-59 ci-dessus). En un sens, la critique de l'instrumentalité s'arrête à ce qui est nécessaire du point de vue théorique pour que l'on puisse considérer la présupposition comme relevant de la langue et non de la discursivité.

La théorie des grammaires génératives marque elle aussi un certain départ par rapport aux conceptions instrumenta-

listes du langage, ne serait-ce qu'à travers l'idée du caractère
« créatif » du langage. Ce départ est donc indépendant de la
question de la présupposition. La notion de présupposition
n'intervient dans ces théories que pour rendre compte de certains effets de signification qui ne semblent dépendre que de
la structure superficielle ou de la représentation sémantique
quand on la considère comme étant la structure la plus profonde. Il semble donc que la notion de présupposition permet
d'identifier des effets de signification d'une nature particulière, liés à l'acte de langage comme tel. Or justement, en liant
présupposition et acte de langage, on remet en place un
sujet, en tant que source de cet acte, même si l'on considère
que ce sujet intériorise un sujet universel qui en règle l'activité ou si l'on fait de la société une instance qui régit juridiquement pour ce sujet les significations. Plus fondamentalement, il apparaît que la nécessité théorique à laquelle répond
le fait de poser un sujet universel en tant que base de la compétence linguistique, ou le fait de faire de la société un sujet
exerçant un contrôle juridique sur la langue, réside dans le
fait de considérer l'individu parlant comme un sujet tout
court, à la fois lieu et sujet de ses propres pensées. C'est
pour expliquer comment ce sujet peut fonctionner comme tel
qu'on en vient à poser une catégorie de sujet universel ou collectif qui en serait la « raison » psychologique ou sociale.

Pour résumer la situation, on peut dire que la notion de
présupposition, telle qu'elle a été élaborée dans les théories
linguistiques, est liée à une conception de la sémantique basée
sur la notion de signification littérale. Or ce que semble démontrer l'existence des effets de présupposition, c'est qu'on
ne peut pas rendre compte de certains rapports intuitivement
repérables entre phrases en termes de règles syntaxiques et de
significations littérales sauf si on élargit le domaine de ces
significations littérales à ce qu'on appelle le performatif ou
l'illocutionnaire. En postulant que l'effet de signification propre à la présupposition est une valeur imposée par la société,
ce que tente Ducrot, c'est bien de rendre littéraux ces effets de
signification. De la même façon, que la composante sémantique soit considérée comme étant la composante la plus profonde ou comme une composante interprétative, en intégrant
des performatifs à la représentation, on étend également le

domaine des significations littérales à ce qui est nécessaire pour rendre compte des relations entre phrases qui semblent échapper au modèle transformationnel classique. L'enjeu est bien de faire en sorte que la présupposition relève de la langue et il n'est pas étonnant dans ces conditions qu'on retrouve à son propos tous les éléments de la configuration épistémique de la linguistique, à savoir le dédoublement de la forme-sujet et le problème de la sémantique. En outre ce dédoublement de la forme-sujet, on ne l'a pas seulement repéré au niveau théorique. On a été amené, à propos de certaines constructions relatives, à parler de « dédoublement du sujet de l'énonciation ». Cette formulation doit être considérée comme provisoire et est remaniée dans la suite de cet ouvrage. Ce que l'on peut tenter maintenant de faire, c'est d'articuler les deux niveaux auxquels on a vu fonctionner le dédoublement, le niveau théorique et celui de l'analyse de certaines constructions. Quel est l'enjeu d'une telle tentative ? Il est double. Comme on le verra plus loin, il s'agit d'avancer dans le sens d'une maîtrise de la contradiction objet réel - objet de connaissance dans la linguistique. Il s'agit en outre de cerner, dans leur structure (le dédoublement) et en tant qu'ils ont quelque chose à voir avec le langage, certains aspects de ce qu'on appelle *assujettissement* ou *effet sujet*. Que le langage soit pour quelque chose dans le procès d'assujettissement, il semble qu'on ne puisse pas le contester particulièrement pour ce qui concerne les aspects idéologiques de ce procès. Sous quelle forme concrète le langage œuvre dans ce procès, c'est une question au sujet de laquelle on ne dispose que d'indications fragmentaires. Le fait d'avoir repéré que le dédoublement de la forme-sujet peut avoir un rapport avec certaines constructions est un élément dont on peut tenir compte. A ce titre, l'inventaire établi par Ducrot des cas à propos desquels on peut poser la question de la présupposition est également quelque chose de très précieux. En fin de compte, ce qui paraît devoir être retenu de l'effet de présupposition, c'est que certains rapports entre des phrases semblent dépendre du sens et pas seulement de la syntaxe. La question du support de ce sens s'en trouve posée et c'est à cette question que répond Ducrot en invoquant la société. Si on abandonne une conception de la sémantique basée sur une séparation nette entre sémantique et syntaxe et sur la notion de signification littérale ou sur une notion équivalente du point de vue théorique, il paraît possible de montrer que la présupposition est un cas particulier des rapports entre phrases qui sont à l'origine de la production et de la reproduction des significations. Cette position rejoint à certains égards celle exposée par Foucault dans *L'archéologie du savoir*, lequel considère que les rapports entre phrases, de même que les rapports logiques entre propositions, bien que susceptibles d'être décrits de manière autonome, ne sont concevables que sur un fond de rapports de coexistence entre *énoncés*, à l'intérieur de ce qu'il appelle des *formations discursives*. C'est ainsi que Foucault pose que « c'est à l'intérieur d'une relation énonciative déterminée et bien stabilisée que le rapport d'une phrase à son sens peut être assigné »[1]. Par son anti-subjectivisme, par son insistance sur le problème de la matérialité de ce qui advient par le langage, Foucaut déploie avec la notion d'énoncé ce qu'on peut appeler l'envers de la configuration épistémique de la linguistique. Chez Foucault, au niveau énonciatif, il n'y a en effet pas de sujet mais une *position de sujet* susceptible d'être occupée par des individus divers. « Décrire une formulation en tant qu'énoncé, écrit Foucault, ne consiste pas à analyser les rapports entre l'auteur et ce qu'il dit (ou voulu dire, ou dit sans le vouloir) mais à déterminer la position que peut et doit occuper tout individu pour en être le sujet »[2]. Sous le titre *L'archéologie du savoir*, ce que tente Foucault, c'est entre autres choses de fonder une science ayant un objet propre, le discours, science qui rendrait compte de la matérialité des objets idéologiques et des objets de connaissances, c'est-à-dire de la matérialité du procès de production-reproduction des significations. La configuration épistémique de cette « science du discours » se présente bien comme étant l'envers de la configuration épistémique de la linguistique dans la mesure où elle est centrée sur la matérialité quasi événementielle des énoncés et où elle remplace le dédoublement de la forme-sujet par « une place déterminée et vide qui peut être effectivement

---

1. Foucault, *L'archéologie du savoir*, p. 119.
2. Foucault, *op. cit.*, p. 126.

remplie par des individus différents. » On notera que Foucault n'essaye pas d'articuler sa notion de discours au concept de langue si ce n'est dans un sens très particulier que met en lumière justement le rapport entre la configuration épistémique de l'objet discours et celle de la linguistique.

L'Anti-subjectivisme de Foucault l'amène à court-circuiter la question de l'assujettissement, la question du sujet. Or le fait d'escamoter cette question a des conséquences très importantes. Notamment, elle empêche de penser le rapport existant entre le dédoublement de la forme-sujet et la distinction idéologies pratiques - idéologies théoriques dont on a parlé dans l'Avant-propos. En outre elle empêche que l'on puisse maîtriser la contradiction objet réel - objet de connaissance dans la linguistique autrement qu'en faisant appel à la psychologie ou à la sociologie. C'est la raison pour laquelle on développe ci-après les indications données dans l'Avant-propos concernant les rapports entre langage et constitution du sujet d'une part, entre idéologie et assujettissement d'autre part.

---

3. Foucault, *op. cit.*, p. 125.

II

Sujet, Langage et Savoir

Autour de la linguistique

II

Sujet, Langage et Savoir,

ou

Autour de la linguistique

CHAPITRE I

LA LINGUISTIQUE DANS LE CHAMP ET HORS DU CHAMP DE LA COMPLEMENTARITE

Le champ de la complémentarité

La place assignée au sujet dans les théories linguistiques commande la position prise à l'égard du sens, à ce qu'on entend par langue ; elle détermine la conception globale de la grammaire et, au-delà, le type de preuve ainsi que les résultats. Cela est vrai même lorsque le sujet est occulté comme dans la linguistique distributionnelle issue de Harris. A l'arrière plan des divergences entre les théories se profilent des conceptions différentes de ce qu'on entend par science en général et de la scientificité dans la linguistique en particulier. Tout ceci nous amène à ne plus nous cantonner sur le terrain même de la linguistique pour en explorer les contours, ce qui de l'extérieur de la linguistique opère dans les théories linguistiques de manière aussi déterminante.

En restant au niveau des généralités, il apparaît que la linguistique a émergé dans une conjoncture scientifique et idéologique dont on peut décrire les grands axes. En contrepoint à l'évidence selon laquelle le langage peut être envisagé à la fois comme une « réalité psychologique » et comme « une réalité sociale », c'est d'abord de la psychologie et de la sociologie que l'on rencontre dans le contexte de la linguistique. Rappelons une fois encore les références explicites de Saussure à Whitney et à des éléments de psychologie, notamment à travers l'évocation d'une faculté générale commandant aux signes[1]. Rappelons que les positions théoriques qui président à l'élaboration des grammaires génératives, débouchent sur une psycholinguistique dont le renouveau à partir de Chomsky est remarquable, alors qu'avec les positions mises en œuvre par Harris la question de l'adéquation appelle de la sociologie (détermination des « traits des situations sociales »[2]).

En même temps, la linguistique issue de la grammaire historique et de la philologie marque une rupture par rapport aux théories purement mentalistes du langage, y compris celles qui évoquent la « mentalité des peuples ».

Nous touchons là à la position singulière de la linguistique dans le champ recouvert par ce que, proprement ou improprement, on appelle les « sciences humaines » et les « sciences sociales ». L'oscillation que l'on constate dans l'identification de ce champ est par elle même révélatrice. Elle témoigne de ce que ce champ est dominé par une problématique que l'on désignera globalement comme étant celle de la complémentarité et que l'on peut résumer schématiquement en une phrase : *de l'humain, tout ce qui n'est pas d'ordre psychologique est social et réciproquement*. Ce qui caractérise donc cette problématique, c'est qu'il n'y a pas de hiatus entre le psychologique et le social : toute réalité humaine est ou bien une réalité psychologique, ou bien une réalité sociale. Selon les théories, l'accent est mis soit sur le psychologique soit sur le social. Le psychologique se soutient devant le social de par son rapport à l'animalité humaine, au corps organique, de sorte que le social comme réalité autonome suppose toujours un psychologique à moins de se résorber dans l'organicisme. Inversement, il n'y a coupure du psychologique à l'animalité que par référence au social autonome comme en témoigne *a contrario* le behaviorisme qui écarte précisément cette coupure en postulant dans le psychologique un passage continu de l'animal à l'humain. Bref, poser une réalité sociale auto-

---

1. *Cours de linguistique générale*, pp. 27-30.
2. L'autre pôle psychologie ou sociologie est toujours représenté : postulat de base concernant les limitations humaines dans le domaine de la communication pour Harris et rôle des systèmes de croyances et de connaissances chez Chomsky.

nome suppose une réalité psychologique et inversement. Il y a donc une circularité du couple réalité psychologique/réalité sociale.

Le langage étant le propre de l'homme par opposition à l'animal, se trouve placé dans une position remarquable dans le champ de la complémentarité. L'existence du langage est, d'une part, invoquée à l'appui d'une irréductibilité de l'humain à l'animalité, c'est-à-dire de la réalité autonome du couple psychologique/social. En même temps, dans ce champ de la complémentarité, le langage apparaît de manière privilégiée comme ce qui assure l'articulation du psychologique et du social, autour de la notion de communication principalement. D'où les thèmes bien connus du langage en tant qu'instrument de la communication, des rapports entre langage et socialisation, langage et développement psychologique, langage et découpage de la réalité (hypothèse de Sapir-Whorf, en particulier) etc... Mais ce qui nous importe ici, c'est que d'une certaine manière il n'y a pas de place dans le champ de la complémentarité pour la linguistique. Etant de l'ordre de l'humain, le langage doit se réduire à une réalité psychologique et/ou sociale. Sous la dominance de la problématique de la complémentarité, il n'y a pas de place pour le concept de langue et pour un ordre de réalité autonome correspondant. C'est pourtant dans ce champ que la linguistique dégage un espace qui rompt la complémentarité et qui de ce fait est constamment contesté, menacé de recouvrement à partir de l'un ou l'autre pôle du couple psychologique/social. Le projet d'une « psychologie sociale du langage » prétendant déduire les propriété des langues à partir de leurs mécanismes de communication » et des « lois de l'interaction sociale » est à cet égard significatif. Mais nous pourrions multiplier les illustrations du fait que la psychologie et la sociologie tentent et ne peuvent faire autrement que tenter de résorber ou de s'annexer l'objet propre de la linguistique. En même temps, la linguistique conserve dans ses marges des adhérences avec le champ dans lequel elle fait son trou, c'est-à-dire avant tout, avec la psychologie et la sociologie. Cela est particulièrement net chez Saussure mais cela reste vrai de la linguistique actuelle, de Harris comme de Chomsky avec des accents différents, mis sur l'un ou l'autre pôle.

On l'a montré tout au long de la première partie de cet ouvrage en nous centrant sur la question symptôme de la présupposition.

La position singulière de la linguistique a fait qu'elle a pu apparaître, et apparaît encore, comme une science humaine ou sociale pilote, alors que, dans le même temps, elle est continuellement dans ce champ contestée dans son autonomie. Toujours est-il que la linguistique ayant conquis droit de cité, elle assoit le langage en tant que réalité relativement autonome par rapport au psychologique et au social. Qu'il y ait un ordre du langage relativement autonome, voilà ce qui tend à être généralement admis. C'est cette situation nouvelle que décrit Lacan dans une incise au début de *L'instance de la lettre dans l'inconscient ou la raison depuis Freud* : «... à la dualité ethnographique de la nature et de la culture, est en passe de se substituer une conception ternaire — nature, société et culture — de la condition humaine, dont il se pourrait bien que le dernier terme se réduisît au langage, soit à ce qui distingue essentiellement la société humaine des sociétés animales »[3].

Nous ne pouvons pas en rester là car cela serait se méprendre sur la portée réelle de l'irruption de la linguistique dans le champ des sciences humaines ou sociales. En effet, si place est faite au langage comme réalité relativement autonome dans ce champ, si une rupture a été produite dans la complémentarité et la circularité du couple psychologique/social, cette complémentarité et cette circularité se rétablissent aisément en jouant sur trois termes au lieu de deux. Une fois de plus la notion passe-partout, c'est le cas de le dire, de communication est le principal instrument de cette refermeture du champ de la réalité humaine. Mais il reste une question pendante, lancinante, celle de l'ordre de réalité de la langue, de sa forme de matérialité.

On peut maintenant dire que si c'est de la psychologie et de la sociologie qui reviennent quand cette question surgit, cela tient à la position de la linguistique dans le champ

---

3. J. Lacan, *Ecrits*, p. 496.

de la complémentatrité mais c'est encore une manière excessivement abstraite de formuler le problème.

Apparaît ici une difficulté qui provient, semble-t-il, de ce que nous ne pouvons concevoir la réalité du langage que (1) dans un rapport d'extériorité/intériorité et (2) comme une « chose ». Rapport d'extériorité/intériorité, cela peut prendre par exemple la forme : langue comme institution/langue comme réalité déposée dans les cerveaux des individus. Disons que du point de vue du sujet auquel on a ici affaire, l'extérieur c'est le social (et au-delà le milieu physique), l'intérieur c'est le psychologique. Il faut loger le langage quelque part là-dedans, à la fois dans l'intérieur et dans l'extérieur. Par ailleurs, la réalité du langage comme « chose », nous admettons qu'elle n'est pas identique à elle-même dans le temps (le latin, le gaulois, le français, etc...) et dans l'espace (le français, l'allemand, le polonais, etc...), mais cette chose variable dans le temps et dans l'espace serait toujours ici et maintenant une chose. En outre cette réalité du langage est tenue pour décomposable en des éléments mais ces éléments sont aussi conçus comme des « choses » (les mots, les phrases, etc...). Concevoir ainsi la réalité du langage est en rapport direct avec les opérations concrètes de comparaison, substitution/combinaison auxquelles procèdent les linguistes et sur la base desquelles, en les identifiant avec les opérations qui seraient impliquées dans la production de tout message, Jakobson définit les deux grands axes du langage (combinaison, contiguïté, contexture et métonymie d'une part, sélection, substitution, similarité et métaphore de l'autre)[4].

Comme tous ceux qui abordent la réalité du langage de cette manière, Jakobson suppose que le linguiste ne fait que reproduire et décrire de manière systématique les opérations que fait spontanément, qu'il en ait conscience ou non, le sujet parlant. De ce point de vue, la linguistique ne serait que l'explicitation d'un savoir que détiendrait, pour l'essentiel à son insu, tout sujet parlant. Ce savoir qui serait à l'origine de l'évidence de la réalité du langage est en outre supposé formulable de manière réflexive. La description systématique

---

4. R. Jakobson, *Eléments de linguistique générale*, pp. 43-67.

fait appel à des comparaisons, des classements, etc... que l'on peut concevoir dans toute leur généralité (ce qui renvoie à un sujet de type piagétien) mais que l'on peut aussi envisager de manière restrictive comme identique aux seules opérations que fait le sujet parlant ou sélectionnant et combinant les éléments qui constituent ses messages. Les opérations en question, il est supposé qu'il est possible d'en prendre conscience reflexivement (sur le modèle, par exemple, de l'abstraction réfléchissante de Piaget). Par ailleurs, les éléments de ses messages, le sujet les puise dans un stock (le « code » pour Jakobson) qui ne lui est pas propre : c'est le fait de l'extériorité. Enfin, la sélection et la combinaison des mots est assujettie à des contraintes qui font aussi partie du code et donc ne sont pas individuelles. Ces contraintes constituent à proprement parler le savoir linguistique du sujet parlant.

La « machine logique » ou « l'automate combinatoire »

Je résume les caractéristiques du sujet qui se dégagent, à propos du langage, dans le champ de la complémentarité. Ce sujet est à la fois individuel, universel et social. Sa dimension proprement universelle est relative aux opérations de comparaison, substitution, concaténation qui sont impliquées dans la composition et l'interprétation de tout message. Ces opérations définissent ce sujet comme identique, à un certain niveau, à une « machine logique » que l'on peut concevoir sur le modèle d'une machine de Türing (automate abstrait) plus ou moins spécifiée. La dimension proprement linguistique, et aussi sociale ou tout au moins intersubjective, de ce sujet est relative d'une part à la donnée du stock d'éléments sur lequel elle opère et d'autre part à la spécification de la machine logique dans son fonctionnement sur ce stock d'éléments. Cette spécification correspond aux limitations auxquelles sont soumises la sélection (par exemple, seuls les éléments « similaires » sont substituables) et la combinaison des éléments (par exemple certains verbes supposent un sujet animé). Enfin tout message a un caractère individuel du fait que ce message représente le choix d'une production particulière dans l'ensemble de toutes les productions possibles de la machine ainsi spécifiée. D'où l'idée d'une « liberté du locuteur »[5] dans laquelle il est possible de loger beaucoup de choses : l'affectivité, les motivations, la créativité individuelle (à ne pas confondre avec ce que Chomsky appelle la « créativité du langage », laquelle réfère à l'idée que l'ensemble des productions possibles, des messages différents, est intrinsèquement potentiellement infini), les croyances, les opinions, etc. Ceci constitue la dimension proprement individuelle du « sujet du langage » dans le champ de la complémentarité, dimension que l'on peut considérer comme constituée dans l'intersubjectivité du social ou seulement dans l'individualité.

Au niveau de généralité auquel nous nous sommes placés, ce modèle du « sujet du langage » dans le champ de la complémentarité qu'on a décrit en se référant à Jakobson vaut pour toutes les théories linguistiques, en particulier pour Chomsky aussi bien que Harris. A ceci près que, indépendamment d'autres spécifications qui apparaissent après, Harris ne formule pas l'hypothèse du caractère subjectif de cette réalité du langage. Entre le caractère discret et récurrent, donc isolable et descriptible, des éléments constituants de l'acte de parole et le sens rejeté dans le social, il n'y a chez Harris qu'une description dont le support n'est pas le sujet parlant mais seulement le linguiste. Savoir quelles sont les propriétés que l'on doit supposer au linguiste, savoir si elles ont un rapport avec celles du sujet parlant, n'est pas son problème. Il n'y revient qu'indirectement au niveau du problème de l'adéquation de la description en confrontant celle-ci avec la détermination du sens par les « traits des situations sociales ». Ceci mis à part, la spécificité des théories apparaît, on vient de le dire, après, au niveau du problème de la spécification de la machine logique. Cela n'a rien de surprenant dans la mesure où, à l'envisager sur cette base, c'est là tout le problème de la linguistique : c'est cette spécification qui définit la grammaire en tant que système de règles particulières. C'est aussi à ce niveau qu'on pose les questions qui conduisent à la distinction entre compétence et performance dans la perspective des grammaires génératives, et celle de l'acceptabilité dans la perspective distributionnaliste.

---

5. R. Jakobson, *op. cit.*, pp. 47-48.

Nous n'y reviendrons pas puisque nous avons décidé de nous situer désormais dans les contours de la linguistique et non plus sur son terrain propre, sauf pour souligner la parenté de ce « sujet du langage » avec le sujet piagétien. La seule différence est que Piaget pose la question de la genèse de la « machine logique » qui règle les opérations concrètes du sujet, c'est-à-dire de la dimension universelle du sujet, ce que Piaget appelle le sujet épistémique[6].

---

6. Cf. ci-dessus p. 36. On retrouve le même thème développé dans le passage suivant : «... de niveaux en niveaux, les structures construites ne sont nullement des créations *ex nihilo* parce qu'elles ne sont pas l'œuvre d'un sujet individuel en ses décisions libres ou arbitraires : elles sont déterminées par les activités d'un sujet épistémique, c'est-à-dire par le noyau fonctionnel commun à tous les sujets individuels. Ces activités consistent en coordinations générales de l'action (emboîtement et ordre, etc...), c'est-à-dire qu'elles sont subordonnées à un fonctionnement aussi permanent et aussi résistant que peut l'être le fonctionnement vital en ses caractères les plus généraux » (Ibid. p. 577).
Je signale toutefois que dans le champ de la complémentarité, le sujet piagétien se caractérise par un accent mis sur le pôle psychologique au détriment du pôle social. Ce que Piaget tente de construire, c'est bien un sujet universel, indépendant des variations sociales ou historiques. Cela ne signifie pas que ce sujet universel n'ait pas une histoire mais cette histoire est l'histoire d'un « sujet de la connaissance » qui résulte d'un rapport dialectique entre l'être vivant composé d'« appareils » qui déterminent de l'*intérieur* (causalité structurale) son rapport au milieu physique externe composé de « phénomènes » (causalité externe) à travers la transformation du milieu par l'être vivant. (Cf. par exemple la genèse des structures logico-mathématiques).
Cette spécificité du sujet piagétien devrait conduire à nuancer ce que j'affirme par ailleurs, à savoir que le sujet piagétien est dans ses grandes lignes représentatif du sujet du champ de la complémentarité. J'ajouterai enfin que la dimension individuelle du sujet est bien identifiée par Piaget avec l'affectivité notamment par le biais de la distinction entre « inconscient affectif » et « inconscient cognitif » telle que celle-ci se trouve posée lorsque Piaget affirme : « Certes l'affectivité ou ses privations peuvent être cause d'accélération ou de retard dans le développement cognitif et Spitz l'a montré en des analyses célèbres. Mais cela ne signifie pas que l'affectivité engendre ni même modifie les structures cognitives, dont la nécessité demeure intrinsèque. En fait, les mécanismes cognitifs ou affectifs demeurent toujours indissociables quoique distincts, et cela va de soi si les uns relèvent d'une énergétique et les autres de structures ». (Piaget : « Inconscient affectif et inconscient cognitif » in *Problèmes de psychologie génétique*, p. 52). La position de Piaget est en complète contradiction avec la thèse freudienne de la subordination principielle des processus secondaires aux processus primaires (cf. M. Safouan, *Le structuralisme en psychanalyse*, pp. 19-36).

Le « sujet de la science »

Ce que soulève le rapprochement du sujet piagétien et du « sujet du langage », c'est la question de la position du « sujet de la science » ou du « sujet de la connaissance » dans la linguistique. Cette question, Harris l'escamote en faisant appel à un empirisme avoué et systématique au niveau des principes. Descriptivement, dans la mesure où ces catégories empruntées au néo-positivisme logique peuvent être illustratives, cela est à mettre en rapport avec le point de vue extensionnel qu'il adopte comme l'a montré Milner[7], point de vue qui l'oppose à celui de Chomsky, qui serait celui de la compréhension.

Pour Chomsky, comme pour Piaget, le « sujet de la connaissance » ou de « la science » est intérieur au sujet individuel. Ici il faut distinguer deux niveaux de spécification de la « machine logique » à laquelle on réfère le « sujet du langage ». D'une part un ordre de spécification général est relatif au langage en général : c'est l'objet de la « grammaire universelle »[8] qui apparaît comme un cas particulier de la machine logique dans toute sa généralité et définit un premier niveau de contingence, caractéristique de la réalité du langage en général. D'autre part, un second ordre de spécification caractérise chaque langue comme un cas particulier de la machine logique spécifiée au premier niveau et définit un second niveau de contingence, « idiosyncratique » par rapport au premier pour reprendre le terme de Chomsky. En fait, il n'y a aucune raison théorique de s'arrêter en si bon chemin pour tenter de recouvrir complètement le champ des variations constatables de la réalité du langage dans l'espace et le temps, en dégageant des sous-systèmes de la langue caractéristique d'une époque, d'une région, d'un milieu social[9], voire même d'un individu[10]. En théorie, il n'y a pas de limites

---

7. J. Cl. Milner, *op. cit.*
8. Cf. à nouveau ci-dessus, pp. 32 et sq.
9. Cf. Par exemple les travaux de Labov.
10. Il existe actuellement un tel courant dans la recherche littéraire.

extérieures assignables a priori à la formalisation. En pratique, il y a toujours un résidu qui, dans la perspective des grammaires génératives, fait ressurgir les dimensions sociales et individuelles du « sujet du langage » par le biais de la performance alors que dans la perspective distributionnaliste où cette échappatoire n'a pas sa place on se trouve en situation de devoir multiplier les classes et les sous-classes à l'infini en fonction de critères opérationnels.

Dans la perspective des grammaires génératives, à l'arrière plan du « sujet du langage » en son fondement se trouve postulée une « machine logique » d'ordre plus général que la spécification relative au langage en général, machine logique qui est la condition de possibilité des spécifications ultérieures et de leur théorisation. C'est sur cette machine que repose l'unité de la théorie et c'est elle qui définit en l'occurrence la position du « sujet de la connaissance » ou du « sujet de la science ». Dans la perspective distributionnaliste, le principe de l'unité de la théorie (laquelle doit englober l'ensemble des spécifications nécessaires pour produire la singularité de tout corpus lié à une situation et à un milieu donnés comme cas particulier d'une généralité qui recouvre d'autres situations et d'autres milieux) conduit à une situation analogue à ceci près que la généralité totalisante qui est ainsi posée ne l'est plus comme étant de l'ordre de la subjectivité de l'animal humain parlant mais seulement comme définissant le point de vue de la scientificité et de l'objectivité par rapport à la réalité du langage. Dans les deux cas, il s'agit de produire une unité de la diversité de cette réalité. Cette unité est posée en référence à une position du « sujet de la science » qui comme chez Piaget[11] peut être considérée comme intériorisée par le sujet parlant ou comme extérieur à ce sujet, en un lieu situé hors de portée de la contingence de l'histoire. Cette position du « sujet de la science » est définie de manière purement formelle, même si comme chez Piaget on lui donne en dernière instance un fondement bio-neuro-psychologique, voi-

---

11. « ... A considérer la succession historique des inventions et des démarches méthodologiques, on assiste effectivement à un processus général d'évolution orienté dans le sens de l'intériorisation par rapport à un sujet ». Piaget, J. *op. cit.*, p. 562.

re même biophysique, que traduiraient les structures logico-mathématiques, ou un fondement dans l'existence d'un « rapport absolu et nécessaire des choses, aussi bien dans les phénomènes propres aux êtres vivants que dans tous les autres. »[12]

Cette mise en place du « sujet de la science » est propre à illustrer ce que l'on peut appeler la *fonction totalisante du formalisme*. Totalisante en ce que, pour fonder l'ordre du langage dans une réalité soit objective, soit à la fois subjective *et* universelle, cette fonction opère une rupture dans le champ de la complémentarité du social et du psychologique tout en laissant intact ce que recouvre la complémentarité de ce champ, à savoir en premier lieu la dimension de l'histoire. Pas n'importe quelle dimension de l'histoire ; pas celle en particulier qui est incluse dans la définition du sujet épistémique de Piaget, histoire génétique qui procède de niveaux en niveaux, chaque niveau étant à la fois la condition nécessaire *et suffisante* du niveau suivant, sa cause efficiente une fois posé un noyau fonctionnel universel caractéristique de l'ordre humain. Cette histoire, ou plutôt cette genèse (et/ou archéologie) découle d'une conception historiciste (histoire cause de soi, existence d'un « sujet de l'histoire » représenté par le noyau fonctionnel) du procès de production des connaissances. La dimension de l'histoire à laquelle je fais référence est celle qui se trouve posée par le concept de « lutte de classes ». Ce concept, la complémentarité du champ définie par les pôles du psychologique et du social l'occulte totalement dans l'alternance qui fait passer de la production de la société sur la base des rapports entre les sujets à la production des sujets par la société où ils doivent prendre place.

Si la mise en place du « sujet de la science » dans le champ de la complémentarité débouche sur un formalisme totalisant, j'affirme, quelque paradoxe qu'on pourrait y voir pour l'instant, qu'elle découle *en premier lieu* du fait que cette mise en place passe à côté de la dimension de l'histoire posée

---

12. Claude Bernard, *Introduction à la médecine expérimentale*, I. 1-3, cité par D. Leemann, *Distributionnalisme et structuralisme*, p. 26.

par le concept de « lutte de classes », dimension de l'histoire que la complémentarité a pour fonction d'occulter.

La critique du formalisme dans la linguistique reste pour l'essentiel à faire ; aussi bien sur le terrain même de la linguistique, de l'intérieur de celle-ci[13], que de l'extérieur, c'est-à-dire du point de vue qui est le nôtre ici. Je me contenterai de le situer dans son rapport à la problématique de la complémentarité. Le formalisme — que certains font remonter à l'idée de langue comme tout et principe de classification — marque incontestablement un passage au matérialisme dans le champ de la complémentarité. C'est en effet l'idée de langue comme tout et principe de classification qui sanctionne après coup la rupture de la linguistique avec la grammaire historique et la philologie sous-tendue par une conception continuiste de l'histoire. C'est aussi cette idée qui marque après coup la rupture avec la grammaire universelle et raisonnée, reflet des lois de la pensée. Cette idée de la langue représente, dans les formulations de Saussure, la position du concept de langue et elle dégage les conditions d'une étude concrète d'une réalité du langage dans sa diversité et sa matérialité. Mais, on l'a vu, il y a des bornes à cette rupture, bornes qui sont encore celles de la linguistique aujourd'hui, n'en déplaise à ceux qui disent que remonter encore à Saussure, c'est remonter au déluge. Quels que soient les apports scientifiques incontestables des théories récentes, ils n'empêchent pas la refermeture du champ qu'avait fait éclater le concept de langue. Or paradoxalement, c'est avec le concours du formalisme, par la mise en place d'un « sujet » de la science ou de la connaissance que s'opère, à partir de ces bornes, la refermeture du champ.

Il est parfaitement exact que le sujet du langage chomskien, celui de la compétence, marque une rupture par rapport à un certain sujet du champ de la complémentarité, celui que pour être bref, on peut appeler le sujet behavioriste. Que par ailleurs Chomsky en soit venu à dire que « l'investigation linguistique conduit à postuler des structures et des principes mentaux qui ne sont pas seulement *inconscients*, mais

---

13. Cf. A. Culioli, *La formalisation en linguistique*.

au-delà des limites de nature introspective possible »[14], que pour expliciter ce qu'il entend par compétence, il énonce « chacun de nous a maîtrisé et s'est représenté intérieurement un système de grammaire qui assigne des descriptions structurales à ces phrases ; nous utilisons ce savoir, *sans en être conscient* ou même sans qu'il soit possible de l'être en produisant ces phrases ou en les comprenant quand elles sont produites par les autres »[15], cela ne doit pas conduire à supposer hâtivement des convergences. Piaget aussi, on l'a vu, parle d'*inconscient* cognitif. Il pose explicitement que la mise en évidence complète des coordinations générales de l'action que sont les activités du « sujet épistémique » impliquerait une « regression épistémologiquement sans fin », car il faudrait remonter de niveau en niveau de généralité de plus en plus grande jusqu'au plan biophysique pour atteindre les coordinations « initiales ». Il y voit même le fondement de l'accord des mathématiques avec le réel en partant du principe que les structures logico-mathématiques sont construites à partir des coordinations les plus générales des activités du sujet, lesquelles sont fondées en dernier lieu, on vient de le voir, sur des coordinations organiques. Il y a donc bien une certaine convergence entre le sujet psychologique piagétien et le sujet du langage chomskien, convergence que nous avons du reste déjà rencontrée et que je viens seulement encore de préciser. Est-ce à dire pour autant que l'inconscient (ou l'inconscience ?) dont il est ici et là question a quelque chose à voir avec l'inconscient freudien ? Je laisserai pour l'instant cette interrogation en suspens pour souligner que c'est au niveau de la mise en place d'un « sujet de la science » par le biais de l'hypothèse d'une intériorisation d'un savoir[16] dans l'*individu* (savoir auquel se réduirait structurellement tout savoir linguistique concevable (Chomsky), voire tout savoir concevable en général (Piaget)), que la possibilité d'une articulation entre psychologie et linguistique se trouve rétablie.

---

14. N. Chomsky, *Réponses au questionnaire de la R.T.B.*, p. 158.
15. N. Chomsky, *La forme et le sens dans le langage naturel*, p. 134.
16. S'agit-il véritablement d'un savoir ou plus exactement d'un « savoir-faire » conçu comme savoir tout court ? Soulever cette question, c'est faire retour à la question qui vient d'être suspendue.

Que ce savoir soit hors de portée de la conscience individuelle[17], dans l'activité de langage ou dans l'activité en général, est secondaire. Par contre il est utile de remarquer que cette mise en place d'un « sujet de la science » coïncide avec le retour à la confusion entre objet réel et objet de connaissance, ou tout au moins à la méconnaissance de leur rapport contradictoire (nature mentale des principes qui sont à la base de la grammaire et fondement organique des principes généraux du savoir qui règle l'activité humaine). J'avance ici que la mise en place d'un tel « sujet de la science » va toujours de pair avec une forme de réduction de l'objet de connaissance à l'objet réel.

Quant au rôle du formalisme à l'extérieur de la linguistique, il a été clairement caractérisé par Pierre Raymond dont je citerai in-extenso les remarques suivantes :

> « ... le formalisme linguistique, qui a tôt fait d'aider le mécanisme de la pensée s'appuie, d'abord sur un concept fondamental, celui de langage. Ce régulateur universel de toutes les paroles possibles fournit un modèle de choix à un matérialisme rapide de la pensée : champ de pensées régies par une matrice absente, qui n'est que la combinatoire de ses cohérences avec le matériel de signes disponible. Et pourtant ce formalisme nous assaille de bien des difficultés : il nous fait oublier que les paroles sont historiques et non possibles ; il donne l'illusion qu'un tel système clôt les pensées, rendant problématique son évolution qu'on affirme pourtant continue et produite par l'individuel qu'il dirige ; il nous confronte à cette difficulté inouïe d'un système qui échappe à toutes les sphères d'une société, alors qu'il est constamment façonné par ses forces ; il se présente comme un intermédiaire universel, à la façon des valeurs de la morale bourgeoise : grâce à ses règles tous les discours réels communiquent, comme l'homme est partout porteur de la loi morale, et le malentendu n'est qu'une entente voilée invitant le pédagogue à la redondance : comme le mal n'est jamais diabolique, l'idéal d'harmonie a d'avance triomphé de toutes les contradictions. »[18]

Comme je l'ai indiqué, Raymond ne s'attaque pas tant ici formalisme *dans* la linguistique qu'à son expression hors de la

---

17. Toujours dans la ligne de notre question, notons au passage que l'inconscient freudien n'est pas l'au-delà de la conscience.
18. P. Raymond, *Le passage au matérialisme*, pp. 53-54.

linguistique, dans le champ de la complémentarité. Il souligne ainsi le rôle de ce formalisme dans la refermeture de ce champ et son rapport à l'occultation dans ce champ de la dimension de l'histoire posée par le concept de « lutte de classes ». Sous l'introduction de structures logico-mathématiques, par une certaine exploitation des mathématiques est masqué le problème de la modalité d'existence de l'objet de la linguistique et au-delà de l'objet de toute science relative à ce champ. C'est aussi, du fait que la dimension de l'histoire de la « lutte de classes » n'a pas de place dans la problématique de la complémentarité, se donner les moyens d'escamoter cette dimension, quitte à devoir pour rétablir la cohérence faire appel à toutes les formes de réformisme sociolinguistique. C'est enfin introduire dans ce champ, avec le support de l'individualité, un principe de permanence et d'universalité qui y constitue un « sujet de la science » et qui y incarne une conception encore abstraite, idéaliste de l'objectivité et de la vérité scientifique. Je précise bien qu'il ne s'agit pas de dénier tout fondement à une application des mathématiques dans le champ recouvert par la complémentarité, y compris dans la linguistique. Ce que je remets en question c'est une exploitation idéologique de ces rapports d'application qui découle de ce que ces rapports sont conçus sous une confusion entre objet réel et objet de connaissance ; je dirai même pour établir et justifier cette confusion. De là, découle une conception abstraite de l'objectivité scientifique.

Le bouquet renversé

La vérité n'est pas abstraite, elle est concrète, dit Lénine[19]. Qu'est-ce à dire ? Un passage de la Post-face de la deuxième édition allemande du *Capital* permet de l'entrevoir de manière particulièrement saisissante. Marx y écrit : «... tant qu'elle est bourgeoise, c'est-à-dire qu'elle voit dans l'ordre capitaliste non pas une phase transitoire du progrès historique, mais bien la forme absolue et définitive de la produc-

---

19. *Matérialisme et empirio criticisme.*

tion sociale, l'économie politique ne peut rester une science qu'à condition que la lutte de classes demeure latente ou ne se manifeste que par des phénomènes isolés. Prenons l'Angleterre. La période où cette lutte n'y est pas encore développée y est aussi la période classique de l'économie politique. Son dernier grand représentant, Ricardo, est le premier économiste qui passe délibérément de l'antagonisme des intérêts de classe, de l'opposition entre salaire et profit, profit et rente, le point de départ de ses recherches. Cet antagonisme, en effet inséparable de l'existence même des classes dans la société bourgeoise se compose, il le formule naïvement comme la loi naturelle, immuable de la société humaine. C'était atteindre la limite que la science bourgeoise ne franchira pas »[20]. Marx dit « L'économie politique ne peut rester une science qu'à condition que la lutte des classes demeure latente ou ne se manifeste que par des phénomènes isolés », cela signifie que l'économie politique bourgeoise est une science qui à partir d'un moment cesse d'en être une ; que ce qui avait tous les attributs de l'objectivité et de la vérité scientifique les perd. Ce n'est pas parce que cette vérité n'aurait été qu'une apparence de vérité cachant une autre vérité absolue et cachée, mais parce que la réalité a été transformée, non du fait d'une causalité interne à ses structures opérant comme la condition nécessaire et suffisante de sa transformation, mais du fait du développement de la lutte des classes. Or la lutte de classes, si elle présuppose bien la division en classes, et donc des rapports de production qui déterminent cette division, n'en est pas pour autant l'effet d'une structure. Elle est d'ordre politique. Situer le concept de classes dans cette dimension, c'est encourir l'objection d'instituer là sous la catégorie du politique un sujet de l'histoire, cause première. On sait que c'est ici que Marx se sépare de Hegel en affirmant, sur la base du principe matérialiste du primat de l'être sur la connaissance, qu'on ne saurait anticiper sur les transformations matérielles de la réalité et que, dans le champ de la lutte des classes, toute spéculation sur les formes spécifiques de la réalité humaine, notamment sur ce que serait l'histoire, dans

---

20. K. Marx, *Le Capital*, Livre I, tome I, p. 24 (cité par D. Lecourt, *Sur l'archéologie et le savoir*, p. 132).

une société communiste, ne peut être que dénuée de tout fondement scientifique. On peut donc soutenir qu'il pourrait en être du matérialisme historique comme de l'économie politique, nous ne pouvons rien en savoir. Tout ce que l'on peut dire c'est que le concept de « lutte de classes » représente la position de l'objectivité et de la vérité scientifique concernant l'histoire concrète des hommes concrets dans le champ de cette lutte de classes. C'est une objectivité et une vérité pratique, concrète, qui vise la réalité non comme une substance ou une chose, fut-elle réduite à une structure purement formelle, mais en tant que *procès* matériel.

L'apport décisif de Marx à la théorie du procès de production des connaissances scientifiques, tient au rapport qu'il établit entre la forme-sujet du politique et la forme-sujet de la connaissance scientifique[21]. Dans le champ de la complémentarité, ces deux formes-sujets sont disjointes dans la neutralité de la Science ; Marx pose le principe de la subordination de la seconde à la première et du même coup le procès de production des connaissances scientifiques tombe dans le champ de la lutte de classes.

La conséquence immédiate de ce principe est que la position du « sujet de la science » n'est pas la position d'un « sujet universel », permanent, dont on pourrait dire que dans ses principes son fondement est mental ou organique, mais celle d'un sujet historique, assujetti à la division en classes. C'est seulement à partir de ce principe que l'on peut concevoir que le matérialisme historique ne saurait représenter pour la classe dominante une vérité scientifique, objective, concrète, qu'il n'est tel que pour une classe bien déterminée, seule susceptible d'en faire usage dans une transformation pratique. Du point de vue de la classe dominante le « sujet de la science » du champ de la complémentarité représentera la position de l'objectivité et de la vérité scientifique et l'on sait le rôle qui est assigné au langage dans la reproduction de cette complémentarité. Le matérialisme historique suppose une position de sujet de la science qui rompt avec ce sujet permanent, éternel, que ce soit dans le hors-lieu de la vérité

---

21. Cf. M. Pêcheux, *Les vérités de La Palice*, IVe partie.

ontologique, ou de par sa genèse sur le modèle du sujet épistémique piagétien intégrant le procès de production des connaissances conçu comme autonome par rapport à la lutte de classe.

Que ce ne soit pas là tomber dans le piège de la distinction entre « vérité absolue » et « vérité relative » (le fait que la vérité scientifique soit concrète ne signifie pas qu'elle soit relative), il me semble qu'on peut l'entrevoir en faisant appel à « l'expérience du bouquet renversé » utilisée par Lacan à propos de la topique de l'imaginaire[22].

Cela suppose que « nous gardions notre jugement critique et que nous n'allions pas prendre l'échafaudage pour le bâtiment lui-même » comme Lacan nous y invite avant d'en tirer son propre parti théorique en citant Freud[23].

Rappelons schématiquement ce qu'est cette expérience du bouquet renversé dont Lacan a trouvé la description dans l'*Optique* de Bouasse. Il s'agit d'un montage optique utilisant un miroir sphérique concave. Au centre optique de ce miroir, c'est-à-dire au centre de la sphère dans laquelle la calotte en est découpée, est placée une boîte dans laquelle est accroché, la tête en bas, un bouquet de fleurs. Le bouquet n'est pas visible du spectateur placé face au miroir mais la boîte est ouverte du côté du miroir de sorte que le bouquet constitue un objet pour le miroir. Sur cette boîte est posé un vase à fleurs vide. Si l'œil du spectateur est dans une certaine région de l'espace délimité par un cône (le champ du miroir vu de son centre où se trouvent le vase et où se forme l'image réelle du bouquet), alors apparaît au-dessus du vase vide l'image réelle du bouquet placé dans la boîte et non visible directement par le spectateur, comme si le bouquet réel était dans le vase (à l'astigmatisme du miroir près). Si l'œil sort du cône, le bouquet disparaît.

Imaginons maintenant que la surface du cône, bien que toute immatérielle, soit une frontière infranchissable. Alors, de l'extérieur du cône la réalité entière se réduit au vase. Il

---

22. J. Lacan, « La topique de l'imaginaire » ; *Le Séminaire*, livre I, pp. 87-103.
23. S. Freud, *L'Interprétation des rêves*, pp. 455-456.

n'y a pas d'autre réalité et tout ce qui serait prétendu être de la réalité mais qui ne tomberait pas dans le champ de cette réalité-là ne peut être qualifié que d'imaginaire, au sens de fictif, illusoire, tout comme la « volonté du peuple » pour Frege. Il en est bien ainsi pour le champ de la complémentarité de la réalité sociale et de la réalité psychologique. Tout ce qui n'est pas à première vue de l'ordre de cette réalité-là, ou bien doit lui être réductible, ou bien n'est que pure affabulation. Il n'en va pas autrement si l'on se cantonne à l'intérieur du cône : l'image étant réelle, elle fait partie de la réalité tout autant que le vase. Ce qui oblige à considérer cette image comme telle, et donc à lui supposer un ailleurs (le réel qui s'y montre), c'est la traversée de la surface du cône qui la fait tour à tour apparaître ou disparaître. Les choses se compliquent du fait que cette apparition/disparition s'opère en référence au vase fonctionnant comme support d'accommodation mais aussi comme réalité permanente par rapport à une réalité qui apparaît et disparaît.

Ceci m'amène à distinguer trois états. Un premier état dans lequel on se cantonne dans l'extérieur du cône, état donc dans lequel toute la réalité se réduit au vase, tout ce qui a rapport à l'existence d'un bouquet de fleur dans le vase ne pouvant dès lors relever que de l'affabulation, d'une hallucination sans aucune cause objective. Le deuxième état serait celui où l'on se place à l'intérieur du cône mais où la réalité de l'image du bouquet est pensée dans la continuité de celle du vase, sans remonter de cette image réelle au bouquet réel dont elle est l'image. Un troisième état où, à supposer qu'on ne puisse pas aller constater la présence du bouquet dans la boîte, on remonte néanmoins de cette image réelle au réel qui s'y montre en se fondant sur l'optique géométrique. Remarquons au passage que seul le troisième état rend compte scientifiquement de l'existence matérielle de l'image réelle du bouquet visible au-dessus du vase.

J'avance ceci : les conceptions de l'objectivité et de la vérité scientifique qui découlent de l'exploitation du formalisme logico-mathématique et de la mise en place d'un sujet de la science » ayant pour support l'individualité dans le champ de la complémentarité peuvent être caractérisées en correspondance analogique avec l'état deux, tout comme l'économie politique de Ricardo par rapport au matérialisme historique. Si justement nous nous référons à nouveau au passage cité du *Capital*, tout semble s'être passé comme si Ricardo, à la différence des économistes qui l'ont précédé, avait entrevu la réalité de la lutte de classes, mais l'avait pensée dans la continuité de l'économie politique classique, en tant que loi naturelle, immuable de la société humaine. En d'autres termes, tout se passe comme si dans cet état 2, les conceptions de la vérité et de l'objectivité scientifiques résultaient de l'extension de celles qui correspondent à l'état 1, établissant du même coup une continuité (théorique) entre ces deux états. On reste dans le champ de *la* science, mais l'extension suppose néanmoins, du fait du caractère théorique de la continuité qu'elle établit, la distinction du « sujet individuel » et du « sujet de la science » sous forme d'une intériorité éventuellement « inconsciente » dans l'individualité du sujet. L'extension atteint en effet une réalité qui peut ne pas être « visible », c'est-à-dire une réalité qui peut être hors de portée de la conscience individuelle en ses actes. Il n'en reste pas moins que cette réalité « invisible » est pensée dans la continuité de la réalité « visible », comme relevant d'un même ordre de vérité. Or, dans l'état 1, la vérité et l'objectivité scientifique, celle qui doit être rapportée au « sujet de la science » et non au « sujet individuel », ne peut être que permanente, éternelle, immuable comme la réalité qui s'y montre et comme la vérité scientifique aristotélicienne. En effet, dans l'état 1, le vase auquel se réduit toute la réalité semble pouvoir relever d'une connaissance toute perceptive, susceptible d'être fondée dans l'animalité de l'homme, dans le fonctionnement de ses organes sensori-moteurs. Il n'y a aucune raison de quitter le terrain ferme d'un certain matérialisme, celui qui s'en tient strictement aux réalités universellement et empiriquement constatables, « visibles » pour tout sujet, éventuellement par le truchement de quelques appareils. On peut même admettre que ces appareils soient des appareils formels, des jeux d'écriture purement formels, régis par des règles qui n'appartiennent pas nécessairement au langage mais peuvent appartenir à d'autres jeux[24], sous réserve que

---

24. Raymond, P., *op. cit.*, p. 51.

l'utilisation de ces appareils suscite l'accord universel dans leur rapport à la réalité empirique.

Cette exploitation du formalisme me semble bien caractériser la position épistémologique de Harris. Ce matérialisme là, éventuellement doublé d'un formalisme empirique, n'a aucun problème avec la distinction de l'objet réel et de l'objet de connaissance. Ce sont deux réalités empiriquement distinctes qu'il s'agit de mettre en accord. Il ne trouve sa limite que dans l'impossibilité de définir les critères de cet accord auquel il est tout entier suspendu (voir le problème de l'adéquation chez Harris surgissant avec la question du sens).

Le passage à l'état 2 suppose que l'on sorte de ce matérialisme là. Face à une réalité qui apparaît/disparaît, il faut donner un fondement préalable à la possibilité d'une vérité et d'une objectivité scientifique qui reste conçue sur le modèle de celle qui prévaut dans le matérialisme correspondant à l'état 1. Ce fondement de la certitude de cette vérité et de cette objectivité scientifique, il s'incarne dans un « sujet de la science ». Que par ailleurs, le sujet individuel puisse faire défaut, être un mauvais ouvrier, tomber dans l'erreur, produire des phrases agrammaticales du point de vue de sa propre compétence linguistique, c'est une autre affaire. Il faut bien loger quelque part l'erreur, la tromperie, la fiction, etc... Que le sujet du langage ne soit pas fidèle à sa propre compétence linguistique, cela impose la notion de performance avec laquelle la psychologie et la sociologie du champ de la complémentarité retrouvent tous leurs droits.

Il reste à comprendre pourquoi c'est la conception de la vérité et de l'objectivité de l'état 1 qui se trouve ainsi étendue à l'état 2. D'une certaine manière, l'expérience du bouquet renversé le représente analogiquement du fait que l'image du bouquet est réelle, et non virtuelle comme l'image de nous-même dans une glace. Cette image peut être recueillie sur un écran. Mises à part ses apparitions et disparitions, sa réalité semble du même ordre que celle du vase. Mais cela n'explique évidemment rien. Pour aller plus loin, il faut se référer à ce qu'implique le passage de l'état 2 à l'état 3, c'est-à-dire soulever la question des moyens de remonter de l'image de bouquet, au bouquet dont elle est l'image réelle. Par rapport au problème soulevé par le passage de l'économie politique bourgeoise au matérialisme historique, on peut dire que dans le passage de l'état 2 à l'état 3, pour l'« expérience », l'optique géométrique fonctionne comme un équivalent de la science de l'histoire dont les fondements sont posés dans le *Capital*. Là il faut reconnaître que le texte que j'ai cité nous place devant une difficulté. Il nous laisse en effet entendre que c'est le développement de la lutte de classes qui, en rendant évident les effets antérieurement latents de celle-ci, impose la nécessité d'une critique de l'économie politique bourgeoise. Tout se passe comme si la vérité et l'objectivité scientifique de l'économie politique bourgeoise tombait après coup, devant les faits, au rang de vérité et d'objectivité relative, contingente, conjoncturelle. En même temps, et contradictoirement, Marx soutient par ailleurs que l'histoire n'est rien que l'histoire de la lutte de classes. En d'autres termes, la dimension de l'histoire dans le champ recouvert par l'économie politique bourgeoise avait été pendant un temps semblable au bouquet invisible même sous forme d'image, comme dans la région 1. Cette réalité de la lutte de classes, bien qu'invisible, n'en aurait pas moins été la réalité historique elle-même, tout entière. A cela on peut trouver un équivalent dans notre « expérience » du fait que l'œil, à un certain niveau, fonctionne aussi selon les lois de l'optique géométrique (de là découle la possibilité de voir des images virtuelles). De ce fait, on peut dire que les lois de l'optique géométrique ne concernent plus exclusivement le rapport du bouquet à son image réelle mais aussi ce qui produit l'évidence de la réalité du vase. De la même façon, le concept de lutte des classes et par là le matérialisme historique intéressent non seulement la période à partir de laquelle les effets de la lutte des classes deviennent patents mais l'histoire en général en tant qu'on ne peut concevoir l'histoire que comme l'histoire des sociétés de classes.

Ce point est fondamental car sans cela, c'est le matérialisme historique qui semble relever d'un ordre de vérité et d'objectivité scientifiques relatives, contingentes, conjoncturelles, lié à une période historique donnée (ce qui du reste est couramment soutenu par les idéologues bourgeois ou réformistes). Il apparaît qu'aujourd'hui l'économie politique bourgeoise est bien vivante. On peut affirmer qu'il en sera ainsi aussi longtemps que la bourgeoisie restera la classe dominante. Autrement dit le fait qu'elle ait cessé d'être scientifique n'est pas évident pour tout le monde. Une situation semblable n'est pas propre à un domaine où la dimension du politique est aussi manifeste. Cela ne veut pas dire que cette dimension ne soit pas réellement présente dans celui dont je vais parler maintenant, mais justement on a l'habitude de penser qu'elle n'a rien à y faire. On raconte qu'un jour dans un congrès de physique, un ami de Max Planck s'efforçait de convaincre un autre physicien, adversaire acharné de la théorie de la relativité, du caractère erroné de ses thèses. Agacé par les efforts vains de son ami, Max Planck l'aurait pris à part et lui aurait dit à peu près ceci : « Aujourd'hui, on ne cherche pas à convaincre un physicien non relativiste, on attend qu'il crève ! ». Je transpose : on ne convaincra jamais la bourgeoisie du caractère erroné, désormais non scientifique, de l'économie politique bourgeoise ; l'économie politique bourgeoise cessera définitivement d'être vraie le jour où les rapports de production capitalistes cesseront d'être les rapports de production dominants. S'il en est ainsi, c'est que l'économie politique bourgeoise représente la position de l'objectivité et de la vérité scientifique du point de vue de ses positions de classe : elle est dans ses principes adéquate à la réalité vue à partir de ces positions. Or, dire que l'économie politique est adéquate à la réalité du point de vue des positions de classe de la bourgeoisie, c'est, comme Marx l'a souligné, indiquer très clairement que des positions matérialistes sont représentées dans cette économie politique[25].

---

25. Gardons-nous à nouveau de tomber dans le piège de l'opposition « science bourgeoise »/« science prolétarienne ». *Le Capital* ne remplace pas l'économie politique bourgeoise ; il en dégage les positions matérialistes ; ce dégagement ne s'opère pas sur le modèle de l'élimination d'une gangue. Il suppose la production de nouvelles connaissances à partir de positions de classes distinctes de celles qui sont représentées dans l'économie politique de Ricardo par exemple. Ce processus est très clairement décrit par Louis Althusser : « Quoi qu'il en soit, et sans anticiper sur les études qu'il faudra conduire pour comprendre la dialectique *contradictoire* de la formation de Marx et de l'élaboration de son œuvre, il reste le fait suivant : la science marxiste de l'histoire n'a pas, selon le schéma *rationaliste* classique, progressé en ligne droite, sans mal ni conflits internes, et d'elle-même, à partir du « point de non retour » de la « coupure épistémologique ». Il y a bien un « point de non retour », *mais* pour ne pas

Du point de vue de la bourgeoisie, la lutte de classes ne correspond à aucune réalité pratique, concrète ; elle ne peut être conçue que d'un point de vue théorique, abstrait comme c'est le cas chez Ricardo. Mais dire que pour la classe ouvrière, la lutte de classes renvoie à une réalité pratique, concrète, cela n'explique pas encore qu'il faille attendre le milieu du XIXe siècle pour que la nécessité théorique du concept de « lutte de classes » s'impose. Si l'on en croit Marx, le réel de la lutte des classes existe bien avant que les rapports de production spécifiquement capitalistes ne deviennent dominants dans quelque formation sociale que ce soit. La seule réponse qu'il me semble possible de donner ici à la question qui se trouve ainsi posée est la suivante : ce n'est que dans les *conditions matérielles d'existence* déterminées par la dominance des rapports de production spécifiquement capitalistes que les connaissances qui imposent la nécessité du concept de « lutte de classes » représentent des connaissances nécessaires pratiquement et concrètement à la classe dominée, seule susceptible d'en faire usage dans une transformation pratique dans l'antagonisme de classes et dans la transformation des conditions matérielles d'existence des masses.

Il me semble que c'est là le seul moyen de rompre définitivement avec toute idée découlant plus ou moins directement de celle qui consiste à supposer que, par une soif de connaître, qui serait le propre de l'Homme, celui-ci serait porté à produire toutes les connaissances scientifiques qu'il lui est matériellement possible de produire dans une conjoncture donnée. Ne sont produites que les connaissances scienti-

---

revenir en arrière, il faut avancer, et pour avancer, que de difficultés et de luttes ! Car s'il est vrai que Marx a dû passer sur des positions théoriques de classes prolétariennes pour fonder la science de l'histoire, il n'y est pas passé ni d'un coup, ni une fois pour toutes, ni à jamais. Il fallait *élaborer* ces positions en les conquérant sur et contre l'adversaire. La bataille philosophique engagée a donc continué dans Marx même, dans son œuvre : autour des principes et sous les espèces des concepts de la science révolutionnaire nouvelle, qui en était un des enjeux. La science marxiste n'a conquis son terrain que peu à peu, dans la lutte théorique (lutte de classes dans la théorie), en rapport étroit et constant avec la lutte des classes tout court. Cette lutte a duré toute la vie de Marx, elle a continué après lui, dans le mouvement ouvrier, où elle dure encore de nos jours : lutte sans fin » (*Réponse à John Lewis*, p. 59).

fiques qui sont pratiquement et concrètement nécessaires dans une conjoncture donnée et cette nécessité historique n'a rien d'universel ; elle est relative à des positions de classes. Je dirai qu'il en est ainsi non seulement du matérialisme historique mais aussi des connaissances scientifiques qui ont été produites tout au long de la montée au pouvoir de la bourgeoisie et sous son hégémonie dans l'état, connaissances dont la production a donné lieu à ce qu'on a appelé la « révolution scientifique bourgeoise ». Il reste que, par ailleurs, toute production de connaissances suppose que les conditions matérielles (à la fois économiques — développement des forces productives, division du travail, etc... idéologiques et politiques — rapports de forces entre classes antagonistes *et* scientifiques) de cette production soient réunies, mais ces conditions ne sont suffisantes que dans leur rapport à la nécessité historique dont je viens d'indiquer la dimension et qui les inclut.

De ce qui précède émerge une conception nouvelle de la vérité et de l'objectivité scientifique en tant que nécessité pratique du théorique en laquelle viennent coïncider le possible et le nécessaire historiquement. Cette subordination du théorique au pratique implique une révision du rapport du « sujet de la science » au sujet tout court. Il apparaît en effet que dans le champ de la complémentarité de la réalité psychologique et de la réalité sociale le sujet, en l'occurrence l'« individu-sujet », est subordonné au « sujet de la science ». Cela est vrai de l'individu-sujet de la psychologie piagétienne en tant que l'activité de ce sujet est réglée dans ses principes par le sujet épistémique qui lui est sous-jacent. Cela est vrai aussi du sujet du langage chomskien dans la mesure où la compétence linguistique représente les principes qui règlent l'activité langagière du sujet dans la performance. Tout en constituant une position anti-empiriste en réaction contre une certaine forme de matérialisme mécaniste (transporté depuis les sciences dites de la nature), la mise en place d'un sujet ayant pour support l'individualité organique dans le champ de la complémentarité va de pair avec une subordination de ce sujet à un « sujet de la science » ou « sujet de la connaissance » en lequel s'incarne le lieu de l'objectivité et de la vérité scientifique. Il y a un véritable renversement de l'ordre de détermination du pratique au théorique qui est lié à la position dominante de l'appareil idéologique d'état scolaire dans les formations sociales capitalistes.[26]

Le « sujet du langage » et le « sujet multiple »

Dans le matérialisme historique, l'ordre de détermination du pratique au théorique est restitué, non par principe, mais en tant que cet ordre de détermination s'impose avec les concepts qui le spécifient comme science. Dans ces conditions prendre en compte la dimension de l'histoire, celle de la lutte de classes, dans la linguistique, suppose une transformation du rapport de la forme-sujet de la science à la forme-sujet réalisée dans le champ de la complémentarité de la réalité psychologique et de la réalité sociale. La linguistique a fait son trou dans le champ de la complémentarité en rupture avec l'historicisme de la grammaire historique et de la philologie, en rupture également mais seulement partielle et sans cesse contestée (de l'intérieur de la linguistique comme de son extérieur) avec l'individu-sujet de ce champ. Son lien avec ce champ se perpétue soit par l'intermédiaire de la conception du « sujet de la science » à laquelle elle se réfère explicitement ou implicitement (et qu'elle emprunte à ce champ), soit par le biais d'un formalisme empirique qui le fait réapparaître au niveau des postulats de base et de l'adéquation des descriptions formelles. La question du sens, celle de la sémantique, est devenue le noyau des difficultés théoriques et pratiques que rencontre aujourd'hui la linguistique. Cette question du sens, les théories linguistiques tenteront de l'évacuer par tous les moyens sans pouvoir jamais y parvenir comme l'illustre la question de la présupposition dans la mesure où celle-ci démontre de manière symptomatique l'impossibilité de construire une syntaxe en éliminant toute référence au sens. C'est là l'aspect théorique du problème, mais la question du sens, on l'a vu, fait resurgir avec elle celle du sujet, ce qui constitue une sorte d'expérimentation dans le théori-

---

26. En rapport direct avec les formes spécifiques de la division et de la qualification de la force de travail sous la détermination dominante des rapports de production capitalistes.

que démontrant pratiquement *a contrario* la subordination de la forme-sujet de la science (celle du théorique) à la forme-sujet simple sur laquelle paraît résider la clef du problème.

En effet, la catégorie de « sujet de la science » ou de « sujet de la connaissance » est une catégorie générique constitutive des idéologies théoriques dans lesquelles et par lesquelles, dans la pratique scientifique, est produite l'évidence de la vérité et de l'objectivité scientifique comme telles, à travers la détermination des types de preuves admises, des formes d'exposition et d'argumentation considérées comme rigoureuses, etc... Vouloir transformer par elle-même la forme-sujet de la science constitutive des idéologies théoriques dans lesquelles et sous lesquelles se réalise la pratique scientifique des linguistes n'a strictement aucun sens : on ne modifie pas par elles-mêmes les conditions de production de l'évidence, fût-elle scientifique.[27]

Il y a un ordre nécessaire, celui de la nécessité pratique du théorique, à laquelle est subordonnée cette évidence. Cet ordre indique que le problème se situe du côté de ce qui semblait le plus aller de soi, du côté de la forme-sujet simple ancrée dans les idéologies pratiques et qui est aussi celle du champ de la complémentarité, celle qui fait de l'individualité organique le support du sujet, de l'individu un sujet par nature.

Il est donc clair que le problème est centré sur la question du sujet avant de l'être sur le sens, qu'il ne saurait être question d'évacuer cette question (en faisant par exemple retour à un matérialisme mécaniste), qu'on doit en passer par elle même si elle est d'apparence idéaliste ou anthropologiste. Or on ne transforme pas plus la forme-sujet simple par elle-même que la forme-sujet de la science. La forme-sujet simple, je l'ai dite ancrée dans les idéologies pratiques[28], et on ne

---

27. Certes on peut agir sur la méthodologie mais c'est toujours en fin de compte pour rendre une pratique adéquate à ce qui détermine préalablement l'évidence de la vérité et de l'objectivité scientifique dans une conjoncture donnée.
28. Ce qui ne veut pas dire que dans les formations idéologiques qui relèvent d'idéologies pratiques (morales, politiques, etc.) on ne rencontre que des formes-sujets simples mais la catégorie de sujet (simple) est la catégorie constitutive des idéologies pratiques.

change pas les idéologies pratiques comme ça. Plus précisément, la forme-sujet « individu-sujet », celle qui pose le sujet comme intériorité de l'individualité organique, est la forme-sujet constitutive des idéologies pratiques bourgeoises. Elle s'est constituée principalement à partir de la notion de sujet des idéologies juridico-politiques bourgeoises, à travers les notions de représentativité juridique individuelle, de droit politique individuel, de propriété privée individuelle se transmettant à la filiation organique de l'individu, etc... La notion juridique de sujet inhérent à ces notions du droit bourgeois a été constituée en sujet de nature dans ces idéologies pratiques, faisant du même coup des rapports juridico-politiques de la démocratie et du droit bourgeois des rapports naturels et universels entre « individus-sujets ». En même temps, le caractère dominant de l'instance juridico-politique des idéologies pratiques bourgeoises faisait de cette forme-sujet, « sujet de nature » ou « individu-sujet », la catégorie constitutive de toutes les idéologies pratiques bourgeoises.[29]

L'identification entre sujet et individu (en tant que corps organique, objet naturel)[30] est la base d'une conception théorique d'une subjectivité naturelle et irréductiblement individuelle en même temps qu'universelle, qui est celle du champ de la complémentarité. Vouloir transformer par elle même cette notion de « sujet » est aussi dépourvu de sens que de vouloir transformer la notion de « sujet de la science » qui en découle. Ce n'est pas dans la pratique théorique qu'on transforme des idéologies pratiques dominantes mais c'est dans la lutte de classes, spécifiquement sous ses aspects politiques et idéologiques, qu'elles se trouvent être transformées.

---

29. Sur tous ces points, voir B. Groethuysen, *Origine de l'esprit bourgeois en France*, Althusser, L., *Idéologie et appareils idéologiques d'Etat*, Edelman, B., *Le droit saisi par la photographie (éléments pour une théorie marxiste du droit)*. (C'est l'origine juridique de cette notion de sujet que Ducrot retrouve avec l'idée de langue comme institution juridique, sa rigueur l'obligeant, sur le terrain critique où il s'est placé, à remonter des idéologies théoriques aux idéologies pratiques qui leur assignent leurs formes).

30. Bien que l'individualité du corps organique soit devenue, par rapport à la filiation génétique, et aux multiples rapports organiques du corps avec son environnement, presque aussi problématique que celle du sujet.

Or le développement de la lutte de classes dans toutes les formations sociales capitalistes, le fait que dans certains pays la lutte de classes a été politiquement organisée parce que le mouvement ouvrier s'y est doté d'organisations politiques et syndicales, ont eu pour corollaire le développement au sein même des idéologies dominantes mais en rupture avec elles, de formations idéologiques *politiques* dans lesquelles les positions de la classe ouvrière sont représentées. Ces formations idéologiques sont constituées autour d'une forme-sujet, celle de « sujet collectif » (la cellule, la section syndicale, le parti, les masses, etc.) qui rompt avec la forme-sujet constitutive des idéologies pratiques bourgeoises[31].

Cette forme spécifique sujet est la base d'une conception théorique de la subjectivité non délimitée par l'individualisme organique du corps humain même si au-delà de toute répression exercée physiquement sur ce corps, les individus y sont pris jusque dans leur corps organique. De même que la production de formations idéologiques prolétariennes organisée autour de cette forme-sujet « sujet collectif » a été une des conditions politiques et idéologiques préalables à la coupure épistémologique qui se repère dans l'œuvre de Marx, il semble qu'on puisse affirmer que l'appropriation des concepts du matérialisme historique dans une pratique scientifique fait nécessairement intervenir cette forme-sujet (où l'on repère l'impossibilité de séparer une telle pratique scientifique d'une pratique politique dans le cadre du mouvement ouvrier). Ainsi, le concept d'Idéologie qui comme tel résiste à toute réduction à un système d'idée ou de représentation individuel.

Que l'idéologie ne puisse être définie en termes de systèmes d'idées ou de représentations individuelles, ou comme matière de tels systèmes de représentations, c'est bien par quoi ce concept marque son rapport à ceux de « classes » et

---

31. Cf. ci-après, chap. II et M. Pêcheux, *Les vérités de La Palice* (IVème Partie). Je précise tout de suite que cette forme-sujet « sujet collectif » n'est pas représentée que dans les formations idéologiques considérées. Elle apparaît aussi dans des formations idéologiques pratiques bourgeoises mais elle est la forme spécifique de la catégorie de sujet constitutive des formations idéologiques politiques de la classe ouvrière.

de « lutte de classes » et sa différence spécifique avec la notion d'idéologie de Destutt de Tracy. Le concept n'est pas le mot, ce qui autorise tous les détournements du mot, et son retour dans le champ de la complémentarité en tant que substitut de celui de représentation (Durkheim : représentation individuelle/représentation collective).[32]

La position du concept se repère dans les théories en tant que différence entre deux notions, la notion d'idéologie des « idéologues » (Destutt de Tracy, Cabanis, Volney, etc...) posée en référence à la forme-sujet du champ de la complémentarité et en référence à une psychologie de l'âme — et une notion d'idéologie posée, elle, en référence à la forme-sujet « sujet collectif ». Le passage d'une notion à l'autre est la trace de l'appropriation du concept, la différence, l'irréductibilité d'une notion à l'autre masquant le rapport de constitution/contradiction qui lie la seconde à la première. On repère ici le travail du concept, non en tant qu'entité isolée mais en tant que procès de son rapport à d'autres concepts, ceux de « classes » et de « lutte de classes » en l'occurrence.

Ceci nous ramène à la question du sujet et du sens. Enoncer que l'appropriation du concept, c'est-à-dire la formation d'une notion qui tombe sous ce concept, implique une notion de forme-sujet, équivaut à faire du sens un effet à la fois idéologique et subjectif. Considérer le sens comme tel, indique que le sens ne peut pas être rapporté à la forme-sujet « individu-sujet », être recherché dans les paroles, le texte ou le discours d'un individu mais dans le rapport de ce texte, de ces paroles, de ce discours individuel à d'autres textes, d'autres paroles, d'autres discours, rapport dans lequel ce sens se constitue en tant qu'effet idéologique. En même temps, ces rapports à d'autres textes, d'autres paroles, d'autres discours individuels dans lesquels ce sens se constitue comme effet, ne sont pas n'importe quels textes, n'importe quels discours individuels, n'importe quelles paroles. Ce sont celles qui peuvent être rapportées à une même forme-sujet « sujet collectif » dont il faudra définir les conditions matérielles d'existence.

---

32. Cf. Pêcheux, M., Haroche, Cl., Henry, P., Porton, J.P., *Un exemple d'ambiguïté idéologique : le rapport Mansholt.*

Sur ce plan nous pouvons prendre appui sur une autre subversion du sujet du champ de la complémentarité, celle qui s'opère dans la psychanalyse en rapport direct, comme on le sait et comme on l'explicitera, avec la question du langage. Les références à l'« expérience » du bouquet renversé que j'ai développée ci-avant ne sont pas un effet de hasard. S'il est bien une chose qui ressort de toute l'expérience analytique c'est que la dimension de l'inconscient, comme celle de l'idéologie, n'est pas de l'ordre de l'individualité. En même temps, si l'on ne veut pas faire de l'idéologie une sorte d'inconscient collectif (ce qui d'une certaine manière, aux termes près, traduirait un retour dans le champ de la complémentarité) et de l'inconscient une sorte d'idéologie individuelle, il faudra montrer et expliquer la différence entre la subversion du sujet de la complémentarité posée par le concept d'inconscient et celle posée par le concept d'idéologie. Que Marx et Freud aient été en position d'être les agents de telles subversions, il faut peut-être y voir la marque de ce qui au-delà de leurs différences est ce qui leur est commun, à savoir leur appartenance à la communauté juive qui les a placés l'un et l'autre matériellement en position de rupture par rapport aux idéologies pratiques dominantes comme, par là même, aux idéologies théoriques dominantes. Cette position de rupture recouvre autre chose, à savoir que les rapports du théorique et du pratique dans le matérialisme historique et la psychanalyse ne sont pas réglés sur le modèle de ce qui prévaut dans les sciences de la nature et qui s'est trouvé importé dans le champ de la complémentarité.

Dans une certaine mesure, dans le matérialisme historiqu comme dans la psychanalyse, il est impossible de contourner la contradiction entre objet réel et objet de connaissances, ce qui implique que le matérialisme historique et la psychanalyse ont à constituer en leur sein la théorie de leur pratique scientifique au lieu de rejeter celle-ci dans la philosophie ou l'histoire des sciences. Cette singularité a une autre conséquence, le fait que la psychanalyse et le matérialisme historique ne trouvent pas place dans l'Université. L'Université relève de l'appareil idéologique d'Etat scolaire, lequel règle les rapports du théorique et du pratique. Cela explique que le matérialisme historique et la psychanalyse ne peuvent être des disciplines universitaires, qu'ils doivent se situer à la fois par rapport à l'université en tant que lieu actuel de constitution et de reproduction des idéologies théoriques qui rendent matériellement possibles l'appropriation dans la pratique théorique de la plupart des connaissances scientifiques acquises, et en rupture par rapport à elle car la forme des rapports entre le pratique et le théorique qui est constitutive de l'appareil scolaire (séparation du procès de production reproduction des connaissances et du procès de production économique) est contradictoire avec celle que suppose leur développement en tant que sciences.

Dire que le matérialisme historique comme la psychanalyse supposent une mise en rapport du théorique et du pratique qui ne peuvent pas contourner la contradiction objet réel/objet de connaissancee, cela n'implique pas seulement que l'un et l'autre ne peuvent pas faire l'objet d'un enseignement dans les cadres et les formes prévalantes de l'enseignement universitaire (voir les réflexions de Lacan sur le « discours de l'Université » et le « discours du Maître »). Cela a également pour conséquence que les pratiques scientifiques qui leur sont propres ne sont pas réductibles à celles qui ont cours dans les « sciences humaines ». Dans une certaine mesure la linguistique avait déjà marqué une telle rupture et l'on a vu des psychologues contester la scientificité de la linguistique au nom des critères de l'expérimentalisme. Mais tout ceci ne constitue encore que des aspects périphériques, secondaires, d'une conséquence beaucoup plus fondamentale de la subversion de la forme-sujet « individu sujet » du champ de la complémentarité. Cette subversion implique un bouleversement de la forme-sujet « sujet de la science » que l'on peut repérer dans le rapport de constitution de la psychanalyse au discours de l'hystérique comme dans le rapport de Marx à l'économie politique bourgeoise en ce que celle-ci dit, dans ses principes, le vrai du point de vue de la bourgeoisie. Je dis rapport de constitution et de contradiction puisqu'il situe ailleurs que dans l'individu-sujet le lieu du discours de l'hystérique ou ailleurs que dans la société érigée en sujet de nature le lieu du discours de l'économie politique bourgeoise.

Le rapport du « sujet de la science » à « l'individu-sujet » dans le champ de la complémentarité procède de la contradiction entre objet de connaissance et objet réel et de son recouvrement dans l'appropriation *théorique* de cette contradiction à travers un retournement qui met dans l'individu-sujet le fondement du « sujet de la science » ou du « sujet de la connaissance ». Qu'en est-il alors de la forme-sujet « sujet de de la science » dans le matérialisme historique et la psychanalyse ?

Disons tout d'abord que cette forme-sujet cesse justement d'apparaître comme étant une forme-sujet autonome, à la fois intériorité de l'individu-sujet et son fondement dans l'ordre de la connaissance. Il est repéré en tant qu'effet spécifique, ce qu'on a appelé un dédoublement de la forme-sujet, dédoublement dont résulte la forme-sujet constitutive d'idéologies théoriques de la pratique scientifique. C'est là la base de la critique du sujet piagétien par Lacan[33].

Mais ceci ne nous dit rien de ce qu'il en est proprement de la position du sujet dans le matérialisme historique et la psychanalyse, question qu'on ne saurait régler en quelques phrases. Il s'y marque encore un point commun (à savoir que la catégorie de sujet n'y est pas représentée sous la modalité du dédoublement) et une différence. Du point de vue du matérialisme historique, le dédoublement constitutif de la forme-sujet « sujet de la connaissance » est, je le rappelle, un effet idéologique particulier, lié aux formes spécifiques de la reproduction, qualification et division du travail qui déterminent la production-reproduction d'une distinction entre des idéologies pratiques et des idéologies théoriques (par le biais notamment de la position dominante dans ce procès d'un appareil idéologique d'état sur les autres, l'appareil scolaire dans les formations sociales capitalistes). Quant au procès de production-reproduction des connaissances scientifiques lui-même, en tant que procès historique, c'est un procès sans sujet (ni fins). Cela ne signifie pas, précisons-le encore, que la réalisation matérielle, concrète, de ce procès ne fait pas intervenir

---

33. « Il (Piaget) ne nous apporte rien sur l'enfant, peu sur son développement, puisqu'il y manque l'essentiel, et de la logique qu'il y démontre, j'entends l'enfant de Piaget, dans sa réponse à des énoncés dont la série constitue l'épreuve, rien d'autre que celle qui a présidé à leur énonciation aux fins d'épreuve, c'est-à-dire celle de l'homme de science, où le logicien, je ne le nie pas, dans l'occasion retrouve son prix. » Lacan, *Ecrits*, p. 860.

des formations idéologiques dans lesquelles la catégorie de sujet est représentée sous une forme ou sous une autre. Ces formations idéologiques sont liées à des conditions matérielles, historiquement spécifiques, par rapport auxquelles le procès de production des connaissances a une autonomie *relative* du fait qu'il entretient avec elle un rapport de constitution (en ce sens les formations idéologiques en question sont un aspect des conditions nécessaires de la production de telles ou telles connaissances) et de contradiction (dans la mesure où ce procès opère sur ces formations comme sur une matière première qu'il transforme). C'est en fin de compte ce qui justifie l'expression « production de connaissances », toute production impliquant du point de vue matérialiste, non une création *ex nihilo* mais la transformation réelle, pratique, d'une matière première dans un procès matériel. L'autonomie du procès de production des connaissances n'a pas pour fondement le réel comme tel : il suppose une transformation du rapport de connaissance à ce réel. Il n'a pas plus pour support un sujet qui l'intérioriserait comme tel (depuis les débuts de la science grecque par exemple). Il ne suppose que des agents, constitués en agents de ce procès, en tant que procès matériel dans des formations idéologiques spécifiques. Il n'existe pas de tout unifié de ces formations idéologiques ; elles sont traversées par la contradiction de classe, ce qui, précisément, exclut qu'elles puissent être conçues comme intériorisables par un sujet qui les unifierait dans son extension ou sous sa compréhension. Bref, toute notion de « sujet de la science » ou de « sujet de la connaissance » doit être considérée comme étant un effet idéologique particulier (susceptible de prendre diverses formes historiques) résultant d'un dédoublement de la forme-sujet.

Si maintenant nous nous tournons vers la psychanalyse, nous nous trouvons en face d'une formulation dont Lacan reconnaît lui-même qu'elle peut passer pour paradoxe, formulation qui énonce que le sujet sur lequel on opère en psychanalyse ne peut être que le « sujet de la science »[34]. Lacan précise en insistant sur l'importance « de promouvoir d'abord, et

---

34. Lacan, *Ecrits*, p. 858.

comme un fait à distinguer de la question de savoir si la psychanalyse est une science (si son champ est scientifique), — ce fait précisément que sa praxis n'implique d'autre sujet que celui de la science »[35]. Je laisse pour l'instant de côté ce qui justifie ces formulations pour rappeler que le sujet de la science dont il y est question est celui dont Lacan repère l'émergence dans la démarche cartésienne et plus spécialement dans le moment du *cogito*. Lacan remarque que cette démarche, « dans son origine et dans sa fin, ne va pas essentiellement vers la science mais vers sa propre certitude »[36]. De ce fait, « elle est au principe de quelque chose qui n'est pas la science au sens où, depuis Platon et avant, elle a fait l'objet de la méditation des philosophes mais *La* science — l'accent est mis sur ce *La* et non sur le mot science — ; *La* science, celle dans laquelle nous sommes pris, qui forme le contexte de notre action à tous dans le temps que nous vivons, et à laquelle ne peut échapper le psychanalyste lui-même, parce qu'elle fait partie de ses conditions, c'est *La* science, celle-là »[37].

---

35. *Ibidem*, p. 863.
36. Lacan, *Le Séminaire, Livre XI*, p. 209-210.
37. *Ibidem*. Je rappelle que cette référence à Descartes va de pair avec une révision du fondement du sujet cartésien, révision qui s'annonce avec Freud à partir de ce que dans le rêve, le symptôme, le lapsus, les impairs d'une conduite, affleure une pensée dont l'articulation échappe (c'est un autre qui pense dans *mon* rêve puisque je ne le comprends pas ; c'est *ma* langue qui a fourché quand je dis *Pierre* alors que je voulais dire *Paul*, etc.). Une pensée est donc là sans avoir à être pensée, une pensée aussi certaine que deux et deux font quatre — pensée dont le fondement étant un « fait » m'échappe tout autant — même si elle s'exerce dans le sens de la tromperie. Le sujet cartésien est le sujet d'une certitude, celui de l'évidence de la réalité actuelle de ma pensée. Le sujet de Freud est aussi le sujet d'une certitude, celui de l'évidence d'une pensée qui tout en l'assujettissant lui semble posée en dehors de lui. Mais à Descartes pour faire de ce sujet d'une certitude, un sujet de la science, il faut la garantie d'un Dieu non trompeur sur lequel repose tout le poids de la vérité, spécialement des « vérités éternelles » comme deux et deux font quatre, en tant que ces vérités sont telles parce que Dieu le veut. En remettant ainsi la vérité entre les mains de Dieu, Descartes fonde le sujet de la science moderne — et aussi celui du formalisme — puisque dès lors « nous allons pouvoir commencer à jouer avec les petites lettres de l'algèbre qui transforment la géométrie en analyse — que la porte est ouverte à la théorie des ensembles — que nous pouvons tout nous permettre comme hypothèse de vérité » (*Ibid.*, p. 37). La vérité n'est plus qu'affaire d'adéquation des hypothèses à une vérité établie antérieurement de par la volonté de Dieu : dans ses principes la certitude

Il n'y a donc pas de doute à avoir : le sujet sur lequel on opère en psychanalyse serait le sujet que suppose la science moderne, le sujet de la certitude cartésien révisable dans son fondement. Que Lacan ait pris le risque de le formuler malgré toutes les accusations d'idéalisme que ne pouvait pas manquer de susciter une telle affirmation mérite qu'on s'y arrête, d'autant plus que nous avons posé par ailleurs que toute notion de « sujet de la science » devait être prise en tant qu'effet idéologique résultant d'un dédoublement de la forme-sujet constitutive de toute idéologie.

Les multiples références de Lacan au « sujet de la civilisation scientifique » en tant que ce sujet serait, à l'exclusion de tout autre, celui qui est concerné par la psychanalyse, peuvent être entendues de deux manières différentes. D'une part, la citation que j'ai rapportée ci-dessus indique bien que l'on n'a pas le choix des notions, de la matière première ; que ces notions, celle de *science* en particulier, font partie de la réalité « dans le temps que nous vivons ». C'est aussi ce que traduit l'affirmation d'Althusser : « L'idéologie n'a pas d'extérieur ». En particulier, les formations idéologiques dans lesquelles sont représentées les positions de la classe ouvrière ne sont pas l'extérieur des idéologies dominantes : elles se développent en leur sein en investissant les positions matérialistes qui y sont représentées dans un rapport de constitution/contradiction déjà repéré[38]. Dès lors on pourrait être amené à poser que ce « sujet de la civilisation scientifique » concerné spécifiquement par la psychanalyse n'est rien d'autre que le sujet constitué dans le rapport particulier du procès de production des connaissances au procès de production économique sous la détermination des rapports de production capitaliste. Il s'agirait donc spécifiquement du sujet du dédoublement révisé quant à son fondement en restituant son ordre de détermination matériel et historique.

---

est fondée avant toute pensée. A cela l'inconscient freudien oppose que ça pense avant que le sujet n'entre dans la certitude, que c'est de la réalité de cette pensée qui échappe que peut venir la certitude du sujet quand à son être.

38. Qui doit en particulier reprendre les ruptures opérées dans la constitution des formations idéologiques bourgeoises en développement par rapport aux idéologies dominantes de la féodalité.

Ici il faut se garder de se laisser prendre aux mots en se précipitant sur cette conclusion qui peut n'avoir d'autre effet que d'opérer une nouvelle forclusion de la question de l'être. Je n'ai ici porté aussi loin l'articulation du matérialisme historique et de la psychanalyse que pour mieux faire apparaître ce sur quoi elle trébuche. Ce qui dans la mise en parallèle qui vient d'être développée échappe radicalement, c'est que l'inconscient freudien est corrélatif de la dépendance du sujet à l'égard de l'ordre du langage[39]. C'est ici qu'il faut situer le sens profond de l'irruption de la linguistique dans le champ de la complémentarité. Même s'il n'y a pas de limites à toutes les tentatives de reconstitution de ce champ, la position du *concept* de langue, *dans ses principes*, n'est compatible qu'avec sa subversion. Aussi est-il fondamental de ne pas tenter d'opérer cette reconstitution en se contentant de substituer au psychologique, l'inconscient et au social, l'idéologique. En effet, une fois rejetée toute assimilation des idéologies à des systèmes d'idées ou de représentations mentales (socialement déterminées ou non), il reste possible de suggérer que l'idéologie, c'est du langage[40].

Que le formalisme trouve ici matière à s'établir, je l'ai déjà indiqué. Cela reste finalement secondaire. Par contre, que de l'idéologie comme langage à l'inconscient comme langage (je dis bien *langage* et non *langue*), on puisse fermer la boucle, voilà qui fait réellement problème. Cela achoppe en effet sur ce que Lacan rappelle, après Marx, après Lénine notamment, à savoir que le langage, ça n'est pas purement et simplement une superstructure. C'est aussi ce que rappelle par exemple Elisabeth Rudinesco :

> « ... le langage est irréductible à l'idéologie, et partant la relation du sujet au langage ne recouvre pas celle du sujet à l'idéologie. Entre le sujet du langage et le sujet de l'assujettissement idéologique, un décalage est à l'œuvre que confirme la non appartenance du langage au domaine de la superstructure. »[41]

---

39. Cf. *Scilicet*, 2/3, « Le clivage du sujet et son identification ».
40. Cf. J.P. Faye, *Théorie du récit* et *Langages totalitaires*.
41. Elisabeth Roudinesco : *Un discours au réel*, p. 53.

Peut-être ne faut-il pas aller jusqu'à poser de manière aussi tranchée que le langage n'appartient pas au domaine de la superstructure. Ce qu'on entend par langage d'une manière très générale cela a sans doute quelque chose à voir avec les superstructures. Ainsi la formation d'une « langue nationale »[42] est un procès historique dans lequel la dimension du politique n'est pas secondaire. Mais là nous nous plaçons sur un terrain glissant car le langage, nous ne savons pas ce que c'est scientifiquement parlant. Il n'y a pas de concept de langage où, si l'on préfère, le langage, ce n'est comme tel l'objet d'aucune science constituée, ce n'est que de la matière première. Le rapport du langage aux superstructures, on ne peut le penser scientifiquement qu'à partir de la linguistique en premier lieu, à partir de la position du concept de langue. De là, on peut démontrer de manière concrète, précise, qu'une révolution ayant pour conséquence de mettre en position dominante de nouveaux rapports de production n'entraîne pas ipso facto la naissance d'un quelconque espéranto[43]. En d'autres termes la linguistique *démontre* que quelque chose du langage échappe à la détermination des rapports de production, que du langage quelque chose est relativement autonome par rapport à cette détermination. C'est très précisément ce dont, dans les conditions politiques, idéologiques et scientifiques actuelles, le concept de *langue* peut représenter les principes d'une appropriation scientifique.

Il y a donc, comme le dit Roudinesco, un décalage. Est-ce cependant suffisant pour justifier une distinction entre un « sujet du langage » et un « sujet de l'assujettissement idéologique », pour suggérer comme le fait Raymond que le matérialisme dialectique doit penser une « théorie du sujet multiple »[44] ?

---

42. Cf. R. Balibar et D. Laporte : *Le français national*.
43. Cf. Lacan, *Ecrits*, p. 496.
44. « Ce n'est pas un individu qui manie des sons et des graphes ou leurs traces, mais un sujet multiple, sujet linguistique, sujet désirant, sujet de système de valeurs, peut-être philosophique, qui agit ; que le sujet soit mis en scène, effet du langage, des désirs ou des valeurs, illusion, n'empêche en rien sa fonctionnalité... » (Raymond, *op. cit.*, p. 52). Cette prise de position doit être comprise en tant que réaction contre un formalisme empiriste et rationaliste dans lequel le matérialisme a dû pendant un

Parler du « sujet de l'inconscient », du « sujet de l'idéologie », de « sujet linguistique », cela peut s'entendre de deux façons. Soit faire de la notion de sujet un concept, mais il n'y a pas plus de concept de sujet que de concept de langage : l'objet de la psychanalyse en tant que science, ce n'est pas le sujet, c'est l'inconscient. Parler du « sujet de l'inconscient », du « sujet de la langue », du « sujet de l'idéologie », cela peut encore s'entendre de la manière que l'on parle de l'« histoire de la lutte de classes » en tant que la seule histoire réelle sur laquelle on puisse avoir prise est cette histoire-là, à l'exclusion de toute autre (au point que les sociétés dites « sans classes » sont aussi considérées comme des « sociétés sans histoire »). Mais alors, les trois sujets dont on vient de parler seraient exclusifs les uns des autres à moins qu'on ne reconstitue d'une manière ou d'une autre le champ de la complémentarité. Situation paradoxale qui tient à ce que les concepts d'inconscient, de langue et d'idéologie opèrent tous les trois (*bien entendu, pas exclusivement*) sur la notion de sujet et aussi sur celle de langage. Cela peut servir de prétexte à tenter par ce biais leur articulation alors même que la position respective de ces concepts exclut cette articulation. Nous retrouvons ici ce qu'on a déjà signalé, à savoir que le matérialisme historique, autant que la psychanalyse et la linguistique, ne peuvent pas contourner la contradiction entre objet réel et objet de connaissance, ne pas s'approprier dans leur développement même la question épistémologique qui leur est spécifique.

Ceci étant posé, il ne faudrait pas en conclure, sous prétexte que cela constituerait un retour à l'anthropologisme, qu'il faut purement et simplement évacuer le sujet comme une simple illusion. La question du sujet est aussi pertinente que celle du langage. C'est parce que cette question du langage a été prise au sérieux, en refusant sa réduction pure et simple à une réalité psychologique, sociale ou autre que la

---

temps, et parfois encore aujourd'hui, trouver refuge. Poser le sujet en tant qu'illusion en passant sous silence la matérialité historique de cette (ou ces) « illusion(s) », parler de fonctionnalité, de valeurs, c'est rester en-deçà de ce que suppose une saisie effective de la question du sujet du point de vue du marxisme-léninisme aujourd'hui.

linguistique a marqué un passage au matérialisme dans le champ de la complémentarité. Ce champ est celui des idéologies théoriques dominantes sous lequel opèrent dans un rapport de constitution/contradiction les pratiques scientifiques propres à la psychanalyse, à la linguistique et au matérialisme historique. C'est ce rapport de constitution/contradiction qui se trouve marqué dans la référence commune de la psychanalyse, de la linguistique et de la théorie des idéologies aux notions de sujet et de langage. Dans ces conditions, ce que chacune de ces positions scientifiques peut démontrer concernant le réel qui se montre à travers ces notions, dans leur historicité et leur matérialité, ne saurait être indifférent aux autres. Il en dépend que la question linguistique soit posée autrement qu'en référence au champ de la complémentarité. Il en dépend aussi que soit justement posée la question de ce que le langage a à voir avec le procès de production et d'appropriation des connaissances, en considérant le dédoublement de la forme-sujet pas seulement dans la perspective de la relation du procès de production-reproduction des connaissances au procès de production spécifiquement économique mais aussi dans son rapport au langage.

CHAPITRE II

LE SUJET ET LE SIGNIFIANT

Situer le sujet par rapport au signifiant ne peut procéder que du rappel d'éléments théoriques concernant le langage, la parole, le discours à travers ce que la pratique analytique permet d'en éprouver. C'est un des aspects essentiels du travail accompli par Lacan, même si ces éléments théoriques sont en quelque sorte « présupposés » par Freud. Leur formulation s'est effectuée sous le couvert d'une référence constante à la linguistique, à Saussure en particulier, et à Jakobson. Cette référence a été le prétexte à de multiples controverses : de la part de psychanalystes considérant qu'elle conduit à privilégier la dimension de ce que Freud appelle *représentation* au détriment de celles de l'*affect* ou des *pulsions*, de la part de linguistes qui n'y reconnaissent pas leurs petits. C'est que l'entreprise de Lacan répond autant à une nécessité théorique qu'à une urgence pratique, celle de retrouver la voie dans laquelle Freud avait été mené par l'hystérique en la laissant parler selon son désir. Cette voie fait de l'analyse une *expérience de discours*. Les éléments théoriques qui nous intéressent ici trouvent leur nécessité, *sinon leur appui*, dans les développements de la théorie de l'inconscient plus que dans la linguistique elle-même. Ce à quoi on a affaire dans l'analyse, c'est au sujet en tant que parlant et désirant. En apparence, la parole ne suppose pas nécessairement le langage dans la mesure où elle inclut le silence, dans la mesure aussi où la parole est manifeste chez le chien, au moins dans ses rapports avec l'homme, par toutes sortes de mimiques qui ne sont pas exclusivement centrées sur le besoin[1], dans la mesure encore où l'enfant a la parole bien avant... qu'il ne parle. Il s'agit là comme on dit d'une « parole non-verbale », laquelle a sa place dans l'analyse même si cette place paraît délibérément restreinte dans la pratique type de la cure de par l'usage du fameux divan. Les conditions matérielles dans lesquelles se pratique généralement l'analyse semblent donc favoriser avec insistance la « parole verbale » au détriment de la « parole non-verbale ». Toutefois, il ne faut pas trop se hâter d'en venir à cette conclusion car Freud a très vite pressenti qu'aussi verbale soit-elle, la parole verbale peut n'être que parole ou avoir d'abord a être entendue comme telle.

Prenons l'interprétation des rêves, « voie royale de l'analyse » dit Freud. Ce que livre l'analysant, c'est d'abord une description du rêve semblable au récit d'un événement dont il aurait été le témoin. Il s'agit là d'une parole verbale qu'on a peut-être un peu vite tendance à assimiler à un « texte », fût-il non écrit. Je laisse de côté le fait que l'analysant livre aussi des associations sans lesquelles il n'y a pas d'interprétation possible, le fait aussi qu'on n'interprète pas un rêve isolément mais en relation avec d'autres rêves ou d'autres choses qui ont été dites[2]. Je laisse aussi la question de savoir si l'interprétation de l'analyste, quelle qu'elle soit, doit être ou non communiquée à l'analysant et sous quelle forme. Examinons en quoi consiste l'interprétation du rêve telle que Freud l'a initiée. Elle vise d'abord à dégager de ce « texte » le (contenu manifeste) un autre « texte » (les pensées latentes). Il s'agit d'une opération que Freud compare au déchiffrage d'un rébus, à une traduction d'une langue dans une autre (celle des contenus dans celle des pensées latentes). D'autres comparaisons ont été suggérées, notamment celle qui assimile l'interprétation au rétablissement d'un texte « caviardé », par la censure, le censeur ne s'étant pas contenté d'effacer

---

1. *Scilicet* 2/3, *Avoir et s'approprier*, p. 145.
2. Sur ce point voir bien entendu *L'interprétation des rêves* mais aussi M. Safouan, *Le rêve et son interprétation dans la conduite de la cure psychanalytique*, in *Etudes sur l'Œdipe*, et *Condensation et déplacement*, in *Scilicet* 2/3.

certaines parties du texte mais, pour brouiller davantage les pistes, ayant remplacé certains mots par d'autres ou certaines phrases. Cette dernière façon d'envisager l'interprétation cadre bien avec la réduction du récit du rêve à un texte, puisque ce récit et les pensées latentes qui le sous-tendent sont donnés dans la même langue. Le statut du rêve proprement dit, son rapport à son récit et aux pensées latentes demeure assez imprécis. J'ai parlé de description comparable au récit d'un événement dont l'analysant aurait été le témoin. Il ne s'agit pas d'un événement comme un autre ; le rêveur sait parfaitement qu'il s'agit de *son* rêve et non d'un événement purement extérieur à lui-même. Freud insiste là-dessus : en dehors d'épisodes délirants, le rêveur sait qu'il rêve alors même qu'il rêve. De plus, le rêveur reconnaît dans le rêve du déjà vu, déjà entendu, déjà pensé, déjà dit par *lui* au moins pour une part. Freud insiste aussi sur ce point : le processus du rêve ne crée rien, il opère sur une matière première préexistante qu'il transforme. A cet égard ce que dit Freud des rêves dans lesquels apparaissent des discours ou des calculs est particulièrement éclairant :

> « Le travail du rêve n'est pas un calcul juste ou faux ; il se contente d'employer des nombres qui apparaissent dans la pensée du rêve et peuvent servir d'allusion à des éléments non représentables ; il les emploie sous la forme d'un calcul. Il utilise à ses fins les nombres de la même manière que tous les autres éléments : images, images verbales, mots, noms ou discours. Car le travail du rêve ne saurait non plus *créer* des discours. Dans la mesure où des discours et des réponses apparaissent dans les rêves, qu'ils soient sensés ou déraisonnables, l'analyse montre chaque fois que le rêve ne fait que reproduire des fragments de discours réellement tenus ou entendus qu'il a empruntés aux pensées du rêve et employés à son gré. Non seulement il les a arrachés de leur contexte et morcelés, a pris un fragment, rejeté un autre, mais encore il fait des synthèses nouvelles, de sorte que les discours du rêve qui paraissaient d'abord cohérents, se divisent à l'analyse, en trois ou quatre morceaux. Dans ce nouvel emploi, le sens que les mots avaient dans la pensée du rêve est souvent abandonné : le mot y reçoit un sens entièrement nouveau. »[3]

De ce passage, il ressort que ce sont les pensées latentes du rêve qui fournissent les « matériaux » du rêve. Ces pen-

---

3. *L'interprétation des rêves*, p. 357.

sées latentes, une fois dégagées, peuvent être reconnues par le rêveur en tant que souhait, vœu, crainte, souvenir qui lui ont été conscients. Il se peut aussi qu'il s'agisse de souhait, vœu, crainte, etc., qui n'ont jamais pu être reconnus comme siens par le rêveur et qui relèvent du registre de ce que Freud appelle le préconscient. Plus généralement Freud pose très explicitement qu'au moment du rêve, les pensées latentes du rêve sont préconscientes et qu'elles ne peuvent à ce moment-là devenir conscientes que travesties dans le rêve, hallucinées. La question qui se pose alors est bien entendu de savoir pourquoi il en est ainsi, pourquoi les pensées latentes n'apparaissent pas en clair dans le rêve. A cette question Freud donne dans *L'interprétation des rêves* deux types de réponses qui, s'ils ne sont pas contradictoires, n'en sont pas moins de deux ordres tout à fait distincts.

Le premier type de réponse avancé est que le travestissement que subissent les pensées latentes du rêve dans l'élaboration du rêve est dû aux propriétés de la « langue des contenus » du rêve, laquelle, comparée à la langue des pensées du rêve, présenterait un « défaut d'expression », selon les propres termes de Freud. Ce « défaut d'expression », Freud le caractérise par une analogie en comparant la situation de la langue des contenus du rêve, face à celle des pensées du rêve, à celle des arts plastiques, peinture et sculpture, face à la poésie :

> « Ce défaut d'expression est lié à la nature du matériel psychique dont le rêve dispose. Les arts plastiques, peinture et sculpture, comparés à la poésie, qui peut elle se servir de la parole, se trouvent dans une situation analogue : là aussi le défaut d'expression est dû à la nature de la matière utilisée par ces deux arts, dans leur effort d'exprimer quelque chose. »[4]

En particulier, les pensées du rêve « se révèlent ordinairement comme un complexe de pensées et de souvenirs construits d'une manière très compliquée et présentent toutes les propriétés des suites d'idées que nous connaissons pendant la veille. »[5] La formulation de ce complexe d'idées suppose

---

4. *Ibid.*, p. 269.
5. *Ibid.*, p. 268.

des conjonctions, des « quand », « parce que », « de même que », etc., que le rêve n'a aucun moyen de représenter comme telles et qu'il ne peut rendre qu'en usant d'artifices (successions dans le déroulement du rêve pour les relations causales, juxtapositions pour l'alternative, rapprochement ou fusion en unité pour la ressemblance, l'accord, le contact aussi bien que pour la contradiction ou l'opposition, etc.). Il importe peu que l'on retrouve ici une conception très traditionnelle de ce qu'est qu'une langue, conception où pointe un certain logicisme et qui fait de la langue un outil pour l'expression d'une pensée qui existe indépendamment de cet outil. Cela n'enlève rien au fait que les indications que donne Freud peuvent être extrêmement utiles pour conduire l'interprétation mais ce n'est pas là que l'on touche à l'essentiel de la découverte freudienne : c'est dans l'autre type de réponse donnée par Freud pour expliquer le travestissement des pensées latentes dans le rêve.

Ce second type de réponse procède d'un tout autre principe que celui qui se fonde sur des hypothèses concernant les conditions d'accès des pensées à la conscience pendant le sommeil. Ce second principe aborde le travestissement des pensées latentes sous un autre angle que celui de son apparence. Si le rêve est bien un état transitoire entre le sommeil et la veille, s'il tend à prolonger l'état de sommeil contre une tendance au réveil, cela ne suffit pas à expliquer pourquoi il y a rêve ni ce que produit le rêve. Surtout cela n'explique pas ce que Freud a reconnu très tôt, à savoir le rapport entre le rêve, l'impair d'une conduite, le lapsus, le mot d'esprit, et la névrose ou plutôt les névroses et les psychoses (cf. par exemple les considérations sur le devenir des « représentations de mots » dans la schizophrénie étudié dans *La métapsychologie*). Ici on touche vraiment à la dimension de l'inconscient freudien. Freud est un irréductible défenseur de l'unité de ce qu'on appelle l'activité psychique ; il s'oppose à toute idée d'une dualité d'essence ou de nature entre inconscient et conscient : il postule leur rapport en tant que rapport matériel. Aussi, si les processus qui relèvent proprement de l'inconscient ne paraissent accessibles que dans des états tels que ceux que je viens succinctement d'énumérer (du fait de ce que Lacan appelle un effet de la *pointe du désir*), il n'en reste pas moins qu'ils sous-tendent toute l'activité psychique, que toute pensée est d'abord inconsciente avant d'être consciente, mieux, que ce qu'on appelle la pensée est un substitut du désir hallucinatoire qui s'y accomplit[6], à l'insu de celui qui se conçoit maître de *sa pensée*. Tel est le sens de la découverte freudienne en ce qu'elle rompt avec toute idée antérieure d'inconscient. Pour en revenir au travestissement des pensées latentes dans le rêve, la seconde réponse de Freud est, on le sait, que tout rêve est accomplissement d'un désir. Je rappelle que cela ne va pas de soi, ne serait-ce que parce qu'il y a les rêves de souvenirs traumatiques, les cauchemars. De plus que peut bien signifier ici « accomplissement » ? Parmi les besoins dont on peut retrouver la trace dans les pensées latentes, Freud mentionne la soif, la faim, le besoin sexuel éprouvé pendant le sommeil, au moment même du rêve. Mais le rêve n'étanche pas la soif, ne rassasie pas, ne satisfait comme tel aucun besoin somatique identifiable du point de vue physiologique. Ce sont ces objections et d'autres qui imposent de penser que le désir qui s'accomplit dans le rêve est d'un autre ordre que celui que peuvent éventuellement exprimer les pensées latentes qui sont représentées dans le rêve. Ce qui s'impose à Freud, c'est que :

> « ... les impulsions de désir, restes de la vie consciente de veille (sont) d'importance secondaire pour la formation du rêve. Elles ne contribuent pas plus à son contenu que les sensations actives pendant le sommeil »[7].

et que :

> « ... le désir conscient ne suscite le rêve que lorsqu'il parvient à éveiller un autre désir, inconscient et de même teneur par lequel il se trouve fortifié.»[8]

Ce sont ces désirs inconscients qui s'accomplissent dans le rêve et il faut entendre accomplissement au sens matériel et non au sens d'un accomplissement imaginaire, figuré de ce qui justement ne s'accomplit pas, l'événement que semble décrire le rêve. L'existence chez l'homme de tels désirs in-

---

6. *Interprétation des rêves*, p. 482.
7. *Ibid.*, p. 471.
8. *Ibid.*, p. 470.

conscients, Freud et Lacan la relient à l'incoordination motrice de l'animal humain à la naissance, à son état de prématuration à la naissance. Les désirs inconscients tels que Freud en dégage peu à peu la singularité ont en effet ceci de particulier qu'ils sont indestructibles, pour ainsi dire immortels, écrit Freud :

> « Ils (les désirs inconscients) partagent ce caractère d'être indestructibles avec tous les autres actes psychiques vraiment inconscients, c'est-à-dire qui n'appartiennent qu'au système inconscient. Ces actes constituent des voies frayées une fois pour toutes, jamais hors d'usage et qui entraînent l'excitation inconsciente chaque fois qu'elle les réinvestit. (...) Les phénomènes qui dépendent du système préconscient sont destructibles dans un tout autre sens. C'est sur cette différence que repose la psychothérapie des névroses. »[9]

Dire que ces désirs sont inconscients, cela ne signifie pas tant qu'ils n'ont pas l'attribut de la conscience (de ce point de vue, d'autres désirs sont inconscients, les désirs préconscients qui par exemple n'accèdent à la conscience que par l'interprétation du rêve) mais bien qu'ils sont indestructibles et par conséquent ne sauraient être satisfaits comme peut l'être un besoin physiologique :

> « L'instinct (*Trieb*) refoulé ne cesse jamais de tendre à sa complète satisfaction, laquelle consisterait dans la répétition d'une satisfaction primaire ; toutes les formations substitutives et réactionnelles, toutes les sublimations sont impuissantes à mettre fin à un état de tension permanente, et la différence entre la satisfaction obtenue et la satisfaction cherchée constitue cette force motrice, cet aiguillon qui empêche l'organisme de se contenter d'une satisfaction donnée, quelle qu'elle soit, mais, pour employer l'expression du poète, le « pousse sans répit, en avant, toujours en avant » (Faust, I). »[10]

Indestructible ou immortel, cela ne peut signifier autre chose qu'infantile (« le désir représenté dans le rêve est nécessairement infantile), c'est-à-dire constitutif du psychisme humain comme tel. C'est ce qu'indique l'idée de répétition d'une satisfaction primaire. Le désir inconscient, c'est un certain réel qui se répète non seulement dans le rêve ou le

---

9. *Ibid.*, p. 470 en note.
10. *Au-delà du principe de plaisir*, p. 53.

symptôme, dans tout ce qui porte la marque patente de la *pointe du désir*, mais encore à travers toutes les variations de l'imaginaire, tous les remaniements du moi et des identifications, c'est-à-dire à travers tout ce que l'on peut appeler l'activité individuelle. Que ce réel n'y soit pas directement lisible, que cette répétition n'apparaisse pas d'emblée sous la diversité (réelle) de cette activité n'enlève rien au fait que toute analyse en démontre la réalité. En même temps, l'indestructibilité et le caractère infantile des désirs inconscients pose une question quant à leur objet. On ne peut concevoir le désir inconscient sur le modèle d'un désir d'objet qu'à la seule condition de supposer cet objet foncièrement perdu. Cela pose évidemment un problème quant à la matérialité de cet objet. Par ailleurs, qu'à ce niveau l'objet semble sur le point de disparaître, cela indique qu'on touche à la dimension du sujet.

C'est ici que la référence à la linguistique prend son sens. Ce que démontre la linguistique, c'est que dans le discours ou la parole, quelque chose se répète matériellement. Ce quelque chose, ce ne sont pas les mots en tant que réalités phoniques ou graphiques, lesquelles, bien qu'elles ne soient pas quelconques, ne déterminent pas ce qui se répète matériellement. (On ne peut pas déduire la phonologie de la phonétique, la grammaire de l'analyse empirique des distributions de surface — il faut au moins un modèle de description et... un informateur, éventuellement le linguiste lui-même, qui se met alors en position d'occuper la place du « sujet de la science »). Ce qui se répète, ce ne sont pas non plus des significations qui, de devoir être prises tantôt pour littérales et tantôt pour figurées, n'en paraissent que plus évanescentes. Ce qui se répète, on le sait depuis Saussure, ce sont des différences, c'est-à-dire des rapports, ce que Saussure nomme *signifiant*. Seuls des différences ou des rapports peuvent se répéter *ne varietur* et non des substances ou des formes même si cette répétition, ce retour du même, ne peut se réaliser que par le biais de substances ou de formes. Que les phonéticiens semblent parfois n'avoir d'autre souci que de démontrer la réalité phonétique du phonème, leur intention déclarée n'enlève rien à l'intérêt scientifique de leur travail mais ne modifie en rien le fait que ce qu'ils dégagent comme réalisations phonétiques de phonèmes n'a rien à voir avec leur valeur[11].

Le concept de *langue* n'a d'autre fonctions que de permettre de penser le registre de matérialité de ce qui se répète réellement dans le discours ou la parole en tant que parole verbale ou discours verbal (ou graphique) au-delà de toutes les variations de forme ou de substance. Le désir inconscient implique aussi une répétition, un retour du même sous des différences. C'est cela le réel du désir inconscient et rien d'autre. Toutefois, cette répétition, il faut la situer à un niveau où la distinction entre parole verbale et parole non verbale perd tout sens même si dans la pratique de la cure, c'est dans la parole verbale qu'elle se repère, même si la pratique de l'analyse n'est qu'une expérience de discours. S'il en est ainsi, cela tient spécifiquement à la finalité de l'analyse, laquelle est de conduire à une reconnaissance (qui ne peut être que partielle : il n'y a pas de fin de l'analyse) du désir inconscient à travers les répétitions qu'il impose, sous une forme où il puisse être assumé en tant que référable à un *je* : « je n'ai été ceci que pour devenir ce que je puis être »[12]. Cela suppose la parole verbale et explique la place privilégiée qui lui est faite dans l'analyse.

Dans le rêve, le désir inconscient s'accomplit, mais précisément il n'est pas reconnu sous la modalité que je viens d'indiquer. Le rêveur se prend à la fois pour l'« auteur » de son rêve et pour le témoin de ce rêve comme s'il s'agissait d'un événement auquel il aurait assisté (et éventuellement participé). Entre ces deux positions il y a une sorte de coupure qui contribue à la fréquente étrangeté inquiétante du rêve ou à l'angoisse qu'il peut susciter. Ce n'est que dans le rapport du rêve à ses pensées latentes que l'on peut repérer la trace du désir inconscient : c'est dans ce rapport qu'il s'accomplit et c'est ce rapport qui se répète et non le rêve ou ses pensées la-

---

11. Les mêmes remarques peuvent s'appliquer aux multiples tentatives faites pour « photographier » le photon en tant que grain élémentaire d'énergie ou bien... aux tentatives des physiologues pour découvrir des substances humorales, ou autres, responsables des névroses.
12. Paraphrase de Lacan du « Wo es war, soll ich werden » de Freud (*Ecrits*, p. 251).

tentes. A ce niveau, pas plus qu'à celui du signifiant saussurien, la distinction du verbal et du non verbal n'a de sens : c'est le niveau du signifiant, celui que Lacan appelle le *symbolique*. Le symbolique, ce n'est pas le langage. Il faudrait plutôt dire que le langage, c'est du symbolique réalisé à condition de le concevoir simplement comme un certain registre de matérialité dans lequel peuvent s'inscrire matériellement les rapports du signifiant au signifiant et non sous la modalité du verbal et du non-verbal. Il faut aussi ajouter que si le langage, c'est du symbolique réalisé dans des formes ou substances, celles-ci n'ont rien à voir avec l'identité symbolique des signifiants.

J'ai souligné déjà à maintes reprises les difficultés que soulève tout recours à la notion de langage. Pourtant on ne saurait guère s'en passer et il faut poser clairement qu'on ne peut pas échapper complètement à ces difficultés. La notion de langage est à prendre comme matière première et il ne saurait y avoir d'avancée matérialiste sur la question du langage qui ne se constitue d'une rupture par rapport aux oppositions de la *forme* et de la *substance* ou du *mécanisme* et du *contenu* si chères, au deux sens du mot, à toute la psychologie comme à la sémantique du sens littéral et du sens figuré. C'est dans la mesure où l'on rompt avec ces oppositions que l'on peut éviter l'écueil du formalisme (dénoncé par Raymond comme je l'ai rappelé au chapitre précédent) et du réductionnisme. C'est là le sens de Saussure. Dire que le langage, c'est du symbolique réalisé, ce n'est pas reconstituer sous une forme nouvelle les oppositions en question, pas plus que le concept saussurien de langue ne réintroduit celle-ci par référence au langage ou à la parole. Le rapport entre langue et langage chez Saussure n'est pas une simple opposition : c'est un rapport défini. La langue est la loi du langage en tant que verbal : ce n'est ni une forme ni une substance mais un objet de connaissance. Définir le rapport du symbolique à la notion de langage suppose néanmoins autre chose : *le symbolique, c'est ce qui du langage est constituant du sujet comme effet.*

La question de l'interprétation des rêves peut encore nous permettre de préciser ce point. En un sens, le rêve contient ses pensées latentes (ce qui y est effacé y conserve la trace de son effacement). Si l'on considère ainsi le rêve, on peut dire que le rêve est du langage, proprement du langage du désir inconscient. En effet plusieurs discours s'y mêlent (le rêve et ses pensées latentes) : le rêve est lieu du rapport entre ces discours, le lieu de leur rapport réalisé. C'est, je le rappelle, dans ces rapports que s'accomplit le désir inconscient, qu'il se réalise. Or ces rapports doivent être conçus en tant que rapport de signifiant à signifiant passant par-dessus les rapports de signifiants à signifiés. C'est le sens de la comparaison du rêve à un rébus. En même temps, ces rapports produisent des effets de signifié propres, telle une métaphore ou une métonymie : ils signifient le désir inconscient. Bref, le rêve est du langage dont, hors l'interprétation et le transfert, la parole n'est pas délivrée[13], est en souffrance car elle n'est encore parole d'aucun sujet. Ceci dit, les rêves ne sont pas faits pour être interprétés pas plus que le réel n'est là d'abord que pour être connu. Par contre la *possibilité* de l'interprétation témoigne de quelque chose. Elle suppose un travail qui n'est pas réductible à une analyse linguistique ou à la mise en rapport structurale du récit du rêve avec lui-même, avec le récit d'autres rêves ou avec d'autres choses dites. Il n'est pas non plus réductible à une combinaison d'analyse structurale et linguistique sur le modèle de l'analyse du poème *Les chats* de Baudelaire par Jakobson et Lévi-Strauss. Pour dissocier rêve et pensées latentes, il faut retrouver la trace du désir inconscient, c'est-à-dire d'un certain réel. Il n'y a pas d'autre moyen d'y parvenir que de faire jouer ce désir (ce qui indique bien que c'est le rêveur qui réalise l'interprétation, l'analyste ayant tout au plus à faire jouer les ressorts du désir inconscient, grâce au transfert et éventuellement à ses propres associations, et à, dans certains cas, conclure comme il peut). Le désir inconscient joue notamment par le biais des « associations libres », lesquelles ne sont « libres » que parce que leur détermination est inconsciente et seule propre à imposer les associations pertinentes, aussi saugrenues soient-elles à première vue pour celui auquel elles viennent. Sous ces associations libres, il faut voir des rapports de signifiant à signifiant qui s'y réalisent. Ce qui détermine ces rapports, le lieu de leur inscription indes-

---

13. Lacan, *Ecrits*, « Fonction et champ du langage et de la parole ».

tructible en tant que rapports à réaliser, c'est très précisément ce que dans la topique on doit penser sous le terme d'inconscient (ce lieu est ce que Lacan appelle l'Autre avec une majuscule). La possibilité de l'interprétation des rêves témoigne de l'existence de l'inconscient. Il n'en reste pas moins que tout le travail de l'interprétation n'est qu'un déplacement dans l'imaginaire. En effet, Freud est très explicite sur ce point, les pensées latentes du rêve sont pré-conscientes. Si les pensés latentes se trouvent exprimer un vœu ou un souhait parfaitement conscient à l'état de veille, il faut admettre qu'au moment du rêve, elles sont préconscientes et que c'est comme telles qu'elles se manifestent dans le rêve. Qu'elles soient travesties dans le rêve, c'est, je le rappelle, de par l'effet du désir inconscient sans lequel elles ne pourraient pas donner lieu à rêve et le travail de ce désir opère sur des signifiants (registre du symbolique). En tant que préconscientes ces pensées relèvent du registre de l'imaginaire de sorte que du rêve aux pensées latentes, il y a un déplacement dans l'imaginaire selon un trajet inverse de celui du travail d'élaboration du rêve au moins quant à son point de départ et son point d'arrivée (même si l'interprétation reste toujours partielle). Le travail de l'interprétation opère contre le refoulement en s'appuyant sur le refoulement (ce qui est nécessaire pour que le désir inconscient entre effectivement en jeu). Entre le point de départ et le point d'arrivée, on repère la trace d'un certain réel qui ne se manifeste que dans la différence. Les pensées latentes du rêve ne sont pas l'objet du désir inconscient au sens où l'on pourrait dire que cet objet est cause de ce désir ; elles n'en sont que l'objet occasionnel, la matière première de la réalisation de ce désir. D'une manière tout à fait saisissante, Lacan a comparé le travail de l'interprétation au travail que l'on doit accomplir pour soutenir un mensonge ou une erreur[14]. Un mensonge ou une erreur ne peuvent *être soutenus qu'à* condition de cerner au plus près la vérité. Bien plus, le développement du mensonge ou de la tromperie est un véritable accomplissement de la vérité qu'ils rencontrent à tous les tournants et qu'ils doivent éviter. Pour l'erreur, c'est un peu plus compliqué car d'une certaine ma-

---

14. Lacan, *Le séminaire I*, pp. 287-297.

nière la vérité, dans l'erreur, échappe, et nul ne sait ce qu'il faut éviter. Cela ménage la possibilité que la vérité surgisse en quelque sorte par erreur sur l'erreur et c'est bien ce qu'avance Lacan en soutenant qu'il est dans la nature de la vérité de se propager sous forme d'erreur. Il y a là plus qu'une simple analogie avec ce qui se passe dans l'interprétation des rêves et plus généralement dans l'analyse. Dans tout accomplissement du désir inconscient, il y a une tromperie intrinsèque, irréductible, puisque l'objet par lequel le désir s'accomplit n'est jamais l'objet visé. Entre ce qui dans l'imaginaire est mis en position d'objet de désir et ce que vise le désir inconscient, il y a toujours un décalage[15]. Dans la névrose, on peut dire qu'il y a plus que cette tromperie irréductible, qu'il y a proprement erreur sur le désir et que c'est à la vérité sur le réel de ce désir qu'il s'agit de ramener. Cela suppose que cette vérité puisse être reconnue telle, tenue pour certaine, ce qui ne saurait découler d'aucune démonstration mais bien de ce qu'un certain remaniement des identifications imaginaires tende à ce que l'erreur sur le désir soit ramenée à la tromperie irréductible précédente. Ici se dégage une fonction essentielle de l'imaginaire chez l'homme, sa fonction leurrante, sa fonction de méconnaissance.

Il n'y a d'erreur que parce qu'il y a du symbolique, parce qu'il y a du langage. Cela veut dire aussi qu'il n'y a de vérité que parce qu'il y a du symbolique, du langage. Le moyen le plus court de le saisir me paraît être de retourner à l'analyse des différences dans la fonction de l'imaginaire chez l'homme et chez l'animal telles que Lacan les a caractérisées. La différence essentielle est que la fonction de l'imaginaire chez l'animal est adéquate à son objet alors qu'il en va tout autrement chez l'homme. La conséquence de l'adéquation de l'imaginaire à l'objet chez l'animal est que s'il peut être trompé, il ne peut pas *se* tromper. Ceci est particulièrement

---

15. Je rappelle que l'accomplissement du désir inconscient n'implique pas nécessairement le plaisir et que c'est même cette discordance qui fait l'être souffrant beaucoup plus que toute frustration objective. Je dis souffrant dans son être car la frustration objective pourrait se caractériser par l'absence de tout objet réel propre à accomplir le désir inconscient : le désir inconscient est l'au-delà du principe de plaisir (cf. M. Safouan, *op. cit.*).

net, et je reprends ici les exemples de Lacan, du « langage des abeilles » car il est impossible qu'une abeille indique à une autre abeille par sa danse la localisation d'une fleur qui n'existerait pas et qu'elle n'aurait pas elle-même localisée. On sait que si la fleur entre-temps a été coupée, il se peut que la seconde abeille en meure sur place, ayant en quelque sorte été programmée pour trouver là ce qui, n'existant plus, n'existe pas. Cette abeille, d'avoir été trompée, en meurt mais elle ne s'est pas trompée : elle est allée là où elle devait aller. Chez l'animal, l'inadéquation de l'imaginaire au réel peut être mortelle. Il en va tout autrement de l'homme qui non seulement peut être trompé mais encore tout autant *se* tromper. On peut même dire que de pouvoir *se* tromper le sauve car il peut ainsi tromper son désir inconscient qu'il ne saurait satisfaire pleinement. En même temps, ça peut le perdre jusqu'à le conduire à *se* donner la mort de par les souffrances qu'entraîne sa discordance avec sa propre réalité. Entre cette survie et cette mort, il y a le *sujet* que représente le *se* du *se tromper*.

Je dis bien le sujet, pas l'individu car on peut voir là dans ce qui à la fois rapproche et distingue la fonction de l'imaginaire chez l'homme et l'animal, dans ce qui permet à l'animal humain de survivre à sa prématuration spécifique à la naissance, le point où la subjectivité se raccorde à l'individualité organique. Que l'enfant dans l'anorexie mentale du nouveau-né semble se comporter comme l'abeille en serait une indication. La survie semble dépendre d'une inscription par laquelle se trouve anticipée la réduction de l'incoordination motrice de la naissance, inscription qui est la racine de la structuration symbolique. L'imaginaire chez l'homme est originellement marqué au coin du symbolique. C'est ce qui fait que le désir inconscient est irréductible aux besoins et que la fonction de l'imaginaire chez l'homme n'est jamais totalement adéquate à son objet. Si c'est bien là le point où la subjectivité s'articule à l'individualité organique, il faut aussitôt ajouter que c'est là qu'elles se séparent car leurs voies divergent même si la subjectivité humaine suppose une certaine organisation cérébrale. L'« erreur centrale » de la psychologie n'est pas tant de quitter le terrain du matérialisme, ce dont nul n'est définitivement à l'abri, que justement d'être à côté de ce terrain en faisant coïncider en tout *indi-*

vidu et *sujet*, de réduire la matérialité du pensé (en tant que distincte du réel pensé) à l'organisation cérébrale et à une matérialité qui s'y inscrirait par le truchement des organes sensori-moteurs, par développement génétique ou apprentissage conditionné[16]. Ce qui est ici remis en question, c'est l'idée même de l'*individualité des processus de pensée,* de leur connexité. La pensée n'a pas plus son siège dans la tête que le sens n'est dans les mots, même si les mots ont quelque chose à voir avec le sens comme l'organisation cérébrale avec la pensée. D'une certaine manière, on peut dire que la psychologie ne fait que reprendre à son compte la fonction de méconnaissance de l'imaginaire chez l'homme, qui est méconnaissance du réel du désir inconscient tout autant que du réel en général du fait de l'effet déréalisant et de dislocation de l'objet dû à l'irruption nécessaire du symbolique. Le rapport de l'imaginaire au réel chez l'homme passe toujours par le symbolique. S'il est vrai que nous ne sommes que des corps, ces corps sont pris dans le langage. Or l'ordre du langage, en tant que matérialité et non en tant que notion n'est réductible ni à l'individuel ni au collectif. C'est encore là une des leçons de Saussure. Il attribue à la langue une activité de classement et d'association qui s'exerce selon deux axes (rapports paradigmatiques et associatifs chez Saussure, axes de la métaphore et de la métonymie chez Jakobson) indissociables et qui n'est l'activité d'aucun sujet, individuel ou collectif. Pour Saussure, la langue est une institution sociale *pas comme les autres* (l'important, c'est le *pas comme les autres*). Elle suppose une faculté de langage qui est une faculté mentale *pas comme les autres* puisque sa loi est celle de l'institution.

Entre ces deux points où nous avons repéré un des aspects de la contradiction inhérente à la constitution de l'objet de connaissance de la linguistique se trouve la position

---

16. « Cette erreur (celle de la psychologie) est de tenir pour unitaire le phénomène de la conscience lui-même, de parler de la même conscience, tenue pour pouvoir de synthèse, dans la page éclairée d'un champ sensoriel, dans l'attention qui le transforme, dans la dialectique du jugement et dans la rêverie commune. Cette erreur repose sur le transfert indû à ces phénomènes du mérite d'une expérience de pensée qui les utilise comme exemple ». Lacan, *Ecrits*, « Position de l'inconscient », p. 831.

du concept de langue. Bien que la langue ne se manifeste que par la parole (activité individuelle), elle peut être étudiée en elle-même et c'est elle qui fait l'unité du langage. La langue déborde toujours l'activité individuelle de parole par laquelle elle se manifeste de sorte qu'aucune parole, quoiqu'on en pense, n'est proprement parole d'un individu. Tout énoncé, toute parole est traversée par du déjà dit ou déjà entendu même si ce que Chomsky appelle la « créativité » du langage est potentiellement infinie. Quant à ce qui articule le déjà dit ou entendu de toute parole ou de tout énoncé, ce n'est pas proprement la syntaxe, ça a racine dans l'inconscient, pas dans le sujet. Il n'y a pas en effet à proprement parler de processus imaginaire. Tout ce qui se passe dans le registre de l'imaginaire est assujetti à l'inconscient. Dans l'individu, ça pense en dehors de lui. Il n'est que le support d'un sujet dont une partie lui est à jamais invisible et qu'il ne peut connaître que dans une expérience intersubjective qui est nécessairement une expérience de discours. Car le sujet ne peut pas être pensé sur le modèle de l'unité d'une intériorité, comme connexe. Il est divisé comme le rêveur entre sa position d'« auteur » de son rêve et celle de témoin de celui-ci. Comme le note Safouan, « ce n'est pas sans faire violence à l'esprit que le rêve, à l'envisager dans la perspective freudienne, impose la distinction entre le sujet qui parle *véritablement* (celui qui travaille dans le rêve) et celui que l'on peut appeler le « locuteur » ou le « moulin à parole », celui qui nous apporte éveillé ce rêve même »[17]. Il est divisé comme celui qui a commis un lapsus : ce n'est pas lui qui l'a fait, c'est sa langue qui a fourché, etc... Mais il faut le rêve, le lapsus, l'impair d'une conduite, la névrose ou la psychose pour que ça apparaisse. En dehors de cela, je me pense spontanément comme source de mes pensées, de mes actes et de mes paroles. Je vous concède qu'il m'est bien difficile d'admettre que ce livre, c'est un autre qui l'a écrit, que l'écrivant j'étais un autre. Pourtant, toute modestie mise à part, c'est bien ce à quoi nous introduit Freud avec le rêve sur la monographie botanique[18]. Je rappelle le récit de ce rêve tel qu'il nous est livré par Freud :

---

17. M. Safouan, *Etudes sur l'Œdipe*, p. 18.

« J'ai écrit la monographie d'une certaine plante. Le livre est devant moi, je tourne précisément une page où est encarté un tableau en couleur. Chaque exemplaire contient un spécimen de la plante séchée comme un herbier. »

Le travail de l'interprétation accompli par Freud sur ce rêve, et dont on peut reconstituer les points d'appui à travers les associations qui l'ont permis, démontre que la phrase, « *Je vois le livre devant moi* », est une citation d'une lettre de Fliess (« Votre livre sur les rêves m'occupe beaucoup, je vois le livre devant moi »). Sous le déguisement de la monographie botanique, le rêve témoigne de ce que Freud reprend à son compte le désir de son ami Fliess, désir de ce que lui, Freud, ait achevé la *Traumdeutung* (*L'interprétation des rêves*). Le *je* des deux premières phrases du texte désigne donc, de par le fait de la citation de la lettre de Fliess, non pas Freud mais Fliess. Freud, en faisant le récit de son rêve, s'y désigne comme étant un autre, que représente Fliess, en même temps que lui-même. C'est précisément ce que masque le récit à la première personne. L'important ici n'est pas que Freud ait fait une citation de la lettre de Fliess, qu'il ait en quelque sorte reproduit quasiment à la lettre une phrase de cette lettre. L'important, c'est qu'il y ait rêve et que dans ce rêve Freud se voit à la place désignée par le *je* de la lettre de Fliess, la place de Fliess comme si c'était lui, Fliess, qui avait écrit la *Traumdeutung*. Je prends prétexte de ce rêve et de ce que dans le discours commun *je* soit automatiquement, sauf style indirect et citation explicite, identifié comme désignant celui qui parle pour introduire l'idée que l'illusion par laquelle nous nous pensons comme source de nos pensées, de nos paroles et de nos actes a quelque chose à voir avec la *syntaxe*. Avec l'existence de la syntaxe pour être précis.

De ce qui précède, je retiens que c'est par le biais d'une discordance congénitale que le langage, en tant que symbolique réalisée, vient à exercer sa prise sur nos corps, ce qui a pour conséquence que la fonction de l'imaginaire chez l'homme comparé à l'animal est proprement subvertie. Il y a donc là quelque chose de tout à fait spécifique au langage

---

18. *Interprétation des rêves*, pp. 153-159 et 245-247. Voir aussi *Condensation et déplacement : une élucidation*, Scilicet 2/3, pp. 204-205.

que Freud a tenté de cerner en distinguant représentation de mots et représentation de choses tout en posant que « la représentation consciente englobe la représentation de mot et la représentation de chose correspondante, la représentation inconsciente est la représentation de chose seule »[19]. Ceci nous amène à aborder ce qui est spécifique au langage en contrastant langage et image[20]. On remarque tout d'abord que la négation est impossible dans l'image. Il n'y a pas dans l'image de non-chose, par exemple de non-arbre ou de non-homme. L'image, fut-elle aussi abstraite que le carré blanc sur fond blanc de Malevitch, est toujours à condition qu'elle reste image, l'image de quelque chose. Pourtant l'absence existe dans l'image mais en tant que partie manquante seulement (par exemple l'absence de pénis sur le dessin d'un homme nu). De même le rajout. Cela suppose que l'image fonctionne dans la coprésence d'une autre image, constituant ce qu'on pourrait appeler l'« image complète ». A la dislocation de l'image en parties correspond la possibilité d'une substitution de parties d'une image à celle d'une autre image mais le produit ne constitue pas en général une image mais un produit singulier qui ne représente rien. Bien sûr il y a les paysages anthropomorphes, les hommes et femmes fruits et légumes d'Arcimbaldo mais dans ces cas il y a anticipation de l'« image complète » dans laquelle se dissout la singularité des composantes. La même remarque vaut pour le portrait-robot ; par contre les collages de Max Ernst ne constituent pas à proprement parler des images. Par ailleurs, il n'y a pas non plus à proprement parler encore d'équivalent à ce qu'on appelle dans le discours le parcours, représenté par exemple par une expression comme *tous les hommes*. Il n'y a pas plus d'universel ou de générique dans l'image. J'aurai beau faire un dessin aussi schématique que possible d'un arbre ou d'un homme, je tendrai peut-être vers l'universel mais j'aurai toujours tout au plus affaire à un homme quelconque ou à un arbre quelconque. Enfin l'atemporel n'existe pas dans l'image comme tel peut-être parce que l'image est par elle-même hors du temps (même l'image cinématographique).

---

19. Freud, « L'Inconscient ». In *Métapsychologie*, p. 118.
20. Sur l'ensemble de cette question cf. D. Barbei.

Lacan insiste sur le fait qu'il ne faut pas confondre reproduction et répétition. La répétition proprement dite est le retour du même sous une différence, pas la simple reproduction à l'identique. Dans l'image, sauf peut-être au niveau de ce qu'on appelle le trait du dessinateur ou la touche du peintre, il n'y a pas répétition mais seulement reproduction plus ou moins fidèle, plus ou moins partielle (Voir le « jeu des sept erreurs »). Il est frappant de constater que tout ce que je viens de rappeler coïncide avec ce que Freud nous dit de la langue des contenus du rêve. Je dirai quant à moi qu'il n'y a pas de syntaxe dans l'image mais tout au plus une morphologie. Maintenant, remarquons que la question de savoir si l'image tombe ou non dans le champ du symbolique est une question qui n'a guère de sens car ce que je vais montrer, c'est que l'image comme telle suppose le langage parce que le rapport de l'image à ce qu'elle représente, en tant que choses distinctes, suppose la réalisation verbale du symbolique.

En effet, il est tout à fait clair que la similitude perceptive ne suffit pas à fonder l'unité pensée de la chose et de son image et que cette unité pensée suppose ce qui caractérise la fonction imaginaire chez l'homme en tant qu'elle inclut les effets de la réalisation verbale du symbolique. Chez l'animal, l'adéquation de l'imaginaire à l'objet a pour conséquence que l'image est ou bien la chose même ou bien n'a aucun rapport avec elle. Là encore tenons-nous-en à certaines constatations relevées par Lacan. La réaction du jeune chimpanzé devant son image dans le miroir, le fait qu'il s'en détourne dès qu'il en a constaté l'inanité, est une première confirmation. C'est encore ce qui ressort de ce que Lacan rappelle à propos du passage, dans la lignée du criquet pélerin, de la forme solitaire à la forme grégaire. Ou bien l'image animée, détenant un certain nombre de traits spécifiques du criquet, est prise pour la chose même, un autre criquet, et déclenche le même comportement. Ou bien elle est prise comme n'ayant aucun rapport et ne déclenche rien. Que la ressemblance perceptive joue un rôle décisif, on ne saurait le nier. Mais ce qui est significatif, c'est que ça fonctionne par tout ou rien chez l'animal. Il n'y a pas à proprement parler d'image pour l'animal. Dès que l'image n'apparaît plus comme la chose même elle n'a plus de rapport avec la chose, pas plus de rapport qu'une autre chose. Il n'y a pas d'unité pensée de la chose et de son image, pas de différence sous un rapport, pas de répétition proprement dite. Si on admet que l'existence de l'image comme telle, le rapport de l'image à la chose que cela suppose, nécessite le langage, alors cela éclaire la question de la similitude de forme perceptible de tous les objets qui semblent représenter de manière privilégiée le phallus dans le rêve, le fameux serpent notamment, avec un pénis. On doit en effet poser que ce qui connecte *en l'occurrence* le pénis au serpent, ce n'est pas tant leur similitude de forme perceptible, voire de comportement dans l'érection, que le phallus en tant que signifiant. On oublie un peu vite que le serpent est *dit* dangereux pour ainsi dire par définition. Cela pourrait bien compter beaucoup plus que tout le reste en l'affaire. Car après tout, si le serpent est vu comme ayant un rapport avec le pénis, c'est en tant que détaché. Donc c'est la castration qui se signifie dans le rêve. Cela ne saurait aller sans une angoisse que le dangereux serpent est bien propre à supporter de telle sorte que le rêve puisse avoir lieu et le désir inconscient s'accomplir[21]. Cette pointe ne prouve évidemment rien ; elle permet tout juste d'entrevoir que c'est le déplacement du signifiant qui mène le jeu même si le signifiant suppose toujours le signifié. On doit tenir pour acquis qui si c'est nécessairement par le biais de l'imaginaire que le symbolique exerce ses effets structurants sur le sujet, les identifications imaginaires que cela suppose sont entièrement suspendues aux regroupements et aux disjonctions qu'impose le désir inconscient en tant qu'il est constitué par le symbolique[22].

Nous retrouvons ici le primat du symbolique sur le réel et l'imaginaire, primat qu'il ne faut pas confondre avec un primat du langage. Je rappelle que le symbolique ce n'est pas le langage (ou le discours). Ce primat du symbolique n'a de sens que par rapport à la constitution du sujet et à sa structuration. Ce primat, on le retrouve aussi à propos du problème de l'identification, problème-clef pour tout ce qui concerne l'imaginaire. Toute identification suppose une iden-

---

21. Voir Lacan, *Ecrits*, « Sur la théorie du symbolisme de Ernest Jones ».
22. Lacan, *Ecrits*, « Le séminaire sur la lettre volée ».

tification du signifiant au point qu'on a pu dire que toute
identification est identification du signifiant[23]. Avant d'être
identification de ceci ou de cela, ou de l'image de ceci ou de
cela, par exemple de l'image de soi, en tant qu'objet du désir, avant d'être identification à ceci ou cela ou à l'image de
ceci ou de cela (les parents, les éducateurs, etc.), toute identification est identification du signifiant :

> « ... toutes les identifications spéculaires qui s'exercent dans
> la ligne du moi-idéal et qui font rebondir le sujet de capture
> sont entièrement suspendues à une autre identification, refoulée, symbolique, non spéculaire, celle qui est constitutive
> de l'idéal du moi... »[24]

C'est cela que signifie du point de vue de l'identification
et de la structuration de l'imaginaire le primat du symbolique. L'idéal du moi représente les « coordonnées imaginaires
de l'inconscient »[25]. L'idéal du moi est le modèle, la limite
des aspirations du moi qui sont à situer au niveau du moi-idéal. C'est parce qu'il y a méprise sur ce qui ordonne le désir
inconscient qu'il faut qu'il y ait identification à autrui (les
parents, les éducateurs, etc.) en tant que support de la Loi
pour que ce désir trouve son ordre dans l'imaginaire, même
si les objets qui l'accomplissent sont ceux du moi-idéal. Reprenez le rêve de la monographie botanique dans lequel le désir
qui est à l'œuvre dans la rédaction de la *Traumdeutung* se
signifie comme désir d'un autre par le biais d'une identification à un autre opérée sur la base d'une confusion sur le *je*.
La distinction entre le moi-idéal et l'idéal du moi est ce qui
représente dans l'imaginaire la barre qui sépare le signifiant
du signifié. Elle est la trace de l'inadéquation de l'imaginaire
à l'objet chez l'homme. On peut dire que dans la névrose,
il y a une discordance entre le moi-idéal et l'idéal du moi
qui est aussi discordance entre l'imaginaire et le symbolique
ou encore entre le registre du signifiant et celui du signifié. Du fait de cette discordance, le réel du désir échappe, ce
qui ne veut pas dire que seul le réel de l'imaginaire subsiste,
mais seulement que l'inadéquation de l'imaginaire à l'objet est
poussée à l'extrême. Car l'inconscient naturellement étend

---

23. M. Safouan, *De la structure en psychanalyse*.
24. M. Safouan, *op. cit.*, p. 53.
25. Lacan, *Ecrits*, « Commentaires sur le rapport de Daniel Lagache ».

toujours son empire sur l'imaginaire mais la discordance du moi-idéal et de l'idéal du moi fait qu'il exerce ses effets dans le sens d'un renforcement de la relation imaginaire à l'autre, au détriment de la relation symbolique, et dans le sens de la capture du moi-idéal par la relation spéculaire à l'objet. A la différence de la psychose dans laquelle la prise du symbolique elle même est gravement perturbée, la névrose est ouverte à la médiation symbolique. Ce que réalise l'analyse c'est justement de privilégier de manière quasi exclusive cette relation.

De la discordance qu'illustre de manière dramatique la névrose et la psychose, je retiendrai ici, concernant le rapport du sujet au langage, que l'idéal du moi représente la face inconsciente de l'imaginaire, sa face invisible, en même temps que ce qui commande par le biais du symbolique la relation à autrui en tant que relation symbolique, c'est-à-dire en tant que relation intersubjective et non en tant que relation entre individus. Cette division du sujet et de l'autre comme sujet est subordonnée à la division interne de ce sujet, celle du Moi et de l'Autre, division qui marque l'emprise du langage en tant que réalisation du symbolique et qui ne peut être reconnue que dans la parole. Le moi-idéal au contraire est la face visible de l'imaginaire, celle où le sujet est identifié à ses objets et à lui-même comme objet, au mépris de l'inadéquation de l'imaginaire à l'objet. L'individu par le sujet qui l'habite et le déborde y devient cause de soi, « auteur » autant que témoin de son rêve, de ses lapsus, de ses mots d'esprit, des impairs de sa conduite, comme de toutes ses pensées et actes. Au niveau du moi-idéal, l'Autre semble aboli, l'autre est toujours un autre, c'est-à-dire un objet ou un individu. Mais justement l'Autre, l'inconscient est toujours là, même s'il n'est pas comme tel visible. Il est d'autant plus là qu'il est invisible, dans l'attente d'être réalisé. Il insiste et impose sa loi dans toute l'activité individuelle. Maintenant, je voudrais montrer qu'il y a un rapport entre ce que j'ai appelé précédemment « dédoublement de la forme sujet » et cette division entre moi-idéal et idéal du moi qui caractérise la topique de l'imaginaire humain de par sa dépendance par rapport au symbolique.

Le « dédoublement de la forme-sujet » n'a rien à voir avec un quelconque dédoublement de la « personne ». Revenons au rêve de la monographie botanique qui permet de le démontrer. Dans le discours commun, *je* est automatiquement identifié avec ce qui désigne « celui qui parle » en tant qu'individu, animal humain parlant (je laisse encore de côté le cas du discours dit indirect et de la citation explicite). Ce que montre le rêve de la monographie botanique ou plutôt son interprétation, c'est que cela ne va pas de soi. Je dirais que dans le discours commun, *je* fonctionne comme une métonymie de ce qui s'y formule par l'expression « celui qui parle ». C'est cela quand Freud se raconte son rêve et nous le rapporte dans les termes où il le fait. Pourtant, l'interprétation montre que ce *je* est aussi autre chose, que c'est Fliess qui parle ou plus exactement ce que représente Fliess dans l'imaginaire par le biais d'une identification qui est à situer dans la ligne qui va de l'idéal du moi au moi-idéal puisque Freud reconnaît dans le désir de Fliess sa propre loi. Alors *je* apparaît comme une métaphore du *je* du discours commun, métaphore propre à signifier et accomplir le désir inconscient qui, au-delà du désir de Freud d'achever le livre qu'il écrit, se profile. Il y a donc là la superposition d'une métaphore et d'une métonymie ou encore la projection d'une métaphore sur l'axe de la métonymie dont Lacan a reconnu dans le *cogito* cartésien la figure effacée. Cette figure, l'interprétation par le jeu des associations la déploie en imposant la nécessité de la distinction entre « *sujet de l'énonciation* » et « *sujet de l'énoncé* ». C'est en effet la confusion du « sujet de l'énonciation » et du « sujet de l'énoncé » au niveau du *je* qui assure l'identification automatique de ce qui est désigné par *je* avec celui qui parle. Celui qui parle *véritablement* dans le rêve comme ailleurs c'est le sujet de l'énonciation qui est à situer du côté de l'inconscient, de la face invisible de l'imaginaire, dans la mesure où le rêve est accomplissement du désir inconscient avant de figurer la réalisation d'un désir de ceci ou de cela. La présence du « sujet de l'énonciation » sous le « sujet de l'énoncé » devient patente dans le rêve comme dans le lapsus ou le mot d'esprit ce qui ne veut pas dire qu'elle ne soit pas là aussi ailleurs. Bien au contraire, cette présence est ce dont témoigne toute analyse.

Que cela soit difficile à admettre même dans le cas du rêve, c'est ce que rappelle M. Safouan dans les termes que j'ai déjà cités. On comprend que cela soit presque impensable quand il s'agit de l'activité que l'on appelle normale de l'individu. Cela va contre une évidence qui semble aussi solidement établie que celle qui veut que le sens soit dans les mots. Pourtant c'est ce qui découle de ce qui s'impose à Freud, à savoir que la pensée est un substitut du désir hallucinatoire et ce n'est que la traduction sur le plan du discours de ce que j'ai rappelé à propos de la distinction qu'il y a lieu de faire entre individu et sujet.

Entre le *je* du discours commun et le *je* du rêve de Freud, il y a un glissement de l'idéal du moi au moi-idéal. Ce glissement s'accompagne de quelque chose qui mérite qu'on s'y arrête et qui concerne peut-être le « dédoublement de la forme-sujet ». Dans son rêve, Freud se voit, par le biais de la phrase de Fliess, « je vois le livre devant moi », voyant achevé sous un déguisement le livre qu'il est en train d'écrire. Du même coup, il se place hors du temps et de son individualité. Il accède par là même à l'intemporel et à l'universel qui font partie du sujet de par ses racines inconscientes. Je dirai donc que la forme sujet universel est à mettre en rapport avec l'idéal du moi alors que la forme sujet individuel se situe dans la perspective du moi-idéal. Je dis bien la *forme-sujet* individuelle ou universelle et non les notions de sujet individuel ou universel qui se sont historiquement constituées sous des modalités diverses dans un rapport entre formations idéologiques lié à la division sociale du travail. Le couple du moi-idéal et de l'idéal du moi est certes *une* condition matérielle de l'émergence de ces notions comme de l'existence d'une dichotomie et d'un rapport entre idéologies théoriques et idéologies pratiques bien avant que ces notions se soient historiquement constituées. Il n'empêche pas que la distinction du moi-idéal et de l'idéal du moi ne suffit pas à constituer cette dichotomie dans l'idéologie, laquelle n'existe matériellement que sous certaines conditions historiques comme je l'ai déjà rappelé et comme j'y reviendrai. Ce qui vient maintenant, c'est que ce que j'ai appelé « dédoublement de la forme-sujet » dans le discours est quelque chose qui d'une part a à voir avec l'existence de la syntaxe en tant qu'elle détermine certains effets symboliques dans la structuration du sujet et d'autre part, sous certaines conditions historiques, prend la forme spécifique d'un dédoublement entre une forme-sujet individuelle et une forme-sujet universelle. C'est ce à quoi nous a introduit l'ambiguïté de la relative dans la mesure où, dans son fonctionnement restrictif ou déterminatif, une forme-sujet individuelle se trouve articulée à une forme-sujet universelle.

Si j'arrive maintenant à démontrer que tout ceci a bien à voir avec l'existence de la syntaxe, alors toute une série de questions seront reformulables dans une perspective nouvelle, notamment la question de la réalité psychologique de la grammaire et la question des universaux du langage. En me situant au niveau de l'existence de la syntaxe, je n'ai pas à me placer à tel ou tel niveau dans la hiérarchie des unités significatives, ou distinctives, celui du phonème, des unités lexicales ou de la phrase par exemple. Je laisserai donc de côté la question de savoir si ces différents niveaux peuvent ou non relever d'une syntaxe. Ce que je vise, ce sont les effets symboliques supposés de l'existence de la syntaxe, c'est-à-dire finalement de ce que j'ai appelé l'« autonomie relative de la langue » sans avoir à entrer dans la question de la délimitation de cette autonomie. Néanmoins, puisque c'est au niveau de la phrase que dans la linguistique la syntaxe existe, c'est bien au niveau de la phrase que je me situerai. Je pense qu'à de tout autres niveaux, par exemple dans les anagrammes, dans la poétique ou dans travail du rêve sur les pensées latentes, on pourrait trouver d'autres témoignages de l'existence de la syntaxe. La syntaxe de la phrase part du postulat de l'existence de relations significatives entre phrases, relations qu'il s'agit de caractériser. Pour arriver à cette fin un déploiement de la phrase, qui présente bien des analogies avec ce qu'on opère sur le récit du rêve dans son interprétation, est nécessaire. Ce déploiement opère par des rapprochements entre phrases qui sont de nature assez variée : une similitude de forme avec une différence réduite à quelques éléments, l'intuition d'un rapport de sens ou d'une ambiguïté. Reprenons l'exemple de la relative. Soit la phrase : *J'ai rapporté le livre que j'avais emprunté*. Quelle que soit la grammaire à laquelle on se réfère, une telle phrase est mise en rapport avec deux autres phrases : (a) *J'ai rapporté le livre*, (b) *J'ai emprunté le livre*. On notera que cette délinéarisation pose quelques problèmes, au niveau des articles (définis ou indéfinis) du temps des verbes notamment. Je crois qu'on peut dire que ces problèmes, quelle que soit la manière dont on les résolve dans telle ou telle grammaire, traduisent le fait que dans la dislocation de la phrase, l'identité du sujet de l'énonciation présent sous le sujet de l'énoncé n'est plus assurée. Il apparaît donc que, dans le discours commun, ce qui soutient cette identité, c'est la linéarité du discours. Cette linéarité n'est pas à confondre avec l'axe de la métonymie car, au niveau de la chaîne discursive, on ne se trouve pas au niveau du signifiant de sorte que toute connexion dans la chaîne, y compris la connexion d'une phrase à une autre, n'est pas à prendre comme une métonymie. Il n'en reste pas moins que la métonymie semble supposer la linéarité ou tout au moins la possibilité de la linéarité, c'est-à-dire l'existence de la syntaxe. Si les rhétoriciens ont reconnu dans le lien entre substitut et substitué dans la métonymie un rapport nécessaire, de cause à effet, de partie à tout, c'est que la linéarité qui définit, au niveau du discours commun, la « suite du signifiant », n'est pas n'importe quelle linéarité, mais celle du discours d'un sujet universel ou tout au moins d'un sujet supposé englober « émetteur » et « récepteur ». Du point de vue de l'inconscient, c'est un peu différent puisque la linéarité dont il s'agit est d'abord celle du « discours de l'Autre », l'Autre étant le lieu de l'inscription indestructible des rapports de signifiant à réaliser dans l'accomplissement du désir inconscient. Ce que représente, au niveau du discours commun, l'idée d'un lien nécessaire entre substitut et substitué dans la métonymie n'est alors que ce qui transpose dans l'imaginaire la nécessité et l'indestructibilité du désir inconscient. Pour ce qu'il en est de la métaphore, on sait que les rhétoriciens y ont reconnu une comparaison analogue entre celle que nous avons rencontrée avec le serpent et le pénis. J'ai montré que cette comparaison supposait le langage. De manière plus précise, on peut dire que, si la métaphore ne s'exerce pas dans un déplacement le long de la suite du signifiant, mais perpendiculairement à cette suite, il faut bien que la dimension de cette suite soit définie. Quant à la comparaison, elle appartient à ce qu'on appelle le déclin de la métaphore, c'est-à-dire sa métonymisation. Elle n'épuise pas la métaphore mais constitue une projection de la métaphore sur l'axe de la métonymie selon la figure que nous avons déjà reconnue. De tout ceci, il ressort que le symbolique, en tant que ce qui du langage constitue et structure le sujet, ne suppose pas seulement le langage mais, dans le langage, la dimension du discours. Je ne dis rien de plus pour l'instant que cette dimension. Le désir inconscient est métaphorique dans sa constitution, métonymique dans son accomplissement, comme le montre très clairement le rêve de la monographie botanique. La figure de la projection d'une métaphore sur l'axe de la métonymie qui suppose la dimension du discours est donc quelque chose de central. Qu'on puisse la reconnaître dans le discours commun prend un sens qu'il faut rapporter, non tant à la topique de l'imaginaire qu'à son fonctionnement. La métaphore est située du côté du moi-idéal (le serpent pour le pénis) alors que sa métonymisation est du côté de l'idéal du moi bien que le passage de l'un à l'autre soit le discours de l'Autre qui fait du phallus le signifiant de la castration.

Or, la dimension du discours dans le langage suppose l'existence de la syntaxe : la syntaxe est située dans le langage à l'articulation de la langue et du discours. L'identification de la syntaxe, c'est-à-dire la construction d'une grammaire, suppose un éclatement de la dimension du discours. Pour ce qu'il en est de la phrase, chaque phrase est replacée dans les relations qui la lient à toutes les autres phrases qui pourtant sont exclusives de son occurrence à sa place pour des raisons qui ne sont pas homogènes (par exemple, ce qui exclut la négative à la place de l'affirmative n'est pas identique à ce qui pareillement exclut la passive à la place de l'active). Dans le même temps, ce déploiement ou éclatement de la dimension du discours met à découvert ce qui marque dans le discours la présence du sujet de l'énonciation sous le sujet de l'énoncé. Dans le discours déployé, cette présence se manifeste par autant de blancs ou de vides dans les articulations. Que l'on cherche par tous les moyens à remplir ces vides (quand je dis par tous les moyens cela veut dire aussi bien avec de la sémantique, fut-elle minimale, qu'avec de la réalité psychologique voire par un fondement juridique des règles du jeu-langue[26]), c'est là sinon une condition de

---

26. Cf. la première partie de cet ouvrage.

l'existence de la syntaxe du moins une condition nécessaire à la construction d'une grammaire. Une fois encore je me réfèrerai au rêve de la monographie botanique lequel démontre, par l'infraction qui s'y manifeste de la règle grammaticale de l'alternance du je/tu-vous, qu'on ne peut jamais délimiter *a priori* ce qu'il y a lieu de prendre en compte de la grammaire quand on vise la dimension du sujet de l'énonciation. La même remarque s'étend du reste à toute analyse de discours. La seule chose dont on puisse être assuré c'est que dans tout discours de la syntaxe opère selon des lois qui ne sont pas quelconques, purement arbitraires, mais qui sont précisément celles que cherche à atteindre la grammaire. Dans ces conditions, la question de la réalité psychologique de la grammaire, de ses fondements physiologiques ou biologiques, de même que celle des universaux, perdent une bonne part de leur sens. Certes, le langage suppose une certaine organisation cérébrale mais celle-ci n'en épuise pas la matière. Il n'y a pas de langage parce qu'il y aurait un ensemble de dispositions ou d'aptitudes naturelles d'un sujet préconstitué en tant que sujet parlant potentiel, lieu à venir du sens et de sa réalisation. Le sujet ne pré-existe pas au langage même si celui-ci ne suffit pas comme tel à le constituer. Toute idée de pré-existence du sujet au langage (dont le corrélat est sous une forme ou sous une autre la réduction du langage à un instrument de ce sujet individuel ou collectif) passe par-dessus la distinction de l'individu et du sujet et manque du même coup la dimension du sujet proprement dite. Pour ce qu'il en est plus spécialement de l'idée d'un fondement juridique des règles du jeu-langue, celle-ci recouvre quelque chose de juste que Lacan formule en énonçant que « la loi de l'homme est la loi du langage » à condition toutefois de poser que cette loi n'a pas d'autres fondements que celles que la physique suppose aux lois de la matière, c'est-à-dire le réel lui-même sans qu'il y ait besoin d'un dieu ou d'un juge pour en garantir l'ordonnance.

Au-delà de la réduction du sujet à l'individuel ou au collectif dans la linguistique, les questions que je viens une fois de plus d'évoquer concernent le rapport entre objet réel et objet de connaissance. Ceci m'entraîne pour conclure ce chapitre à parler de ce qui fait la spécificité de ce rapport dans la psychanalyse et plus spécialement de la question du « sujet de la science » que j'ai déjà abordée à son propos. Je rappelle que Lacan a souligné qu'il fallait bien distinguer la question de savoir si la psychanalyse est une science de celle de savoir sur quoi on opère dans la psychanalyse. J'ai déjà rappelé qu'à la seconde question Lacan a répondu que le sujet sur lequel on opère dans la psychanalyse est le « sujet de la science ». De fait la pratique de l'analyse présente plus qu'une simple analogie avec ce que l'on peut caractériser en tant que pratique scientifique. Il s'agit bien de faire retour à un certain réel, celui du désir inconscient. Le fait que « ce qui s'y passe (dans l'inconscient) soit inaccessible à la contradiction, à la localisation spatio-temporelle, et aussi bien à la fonction du temps »[27] confère à l'inconscient toutes les caractéristiques de ce que Descartes avait reconnu comme étant celles de *l'objet de la Science*. D'autre part, puisque « l'analyse tient en ce que gagne le sujet d'assumer comme de son chef son discours inconscient »[28], cela indique bien que ce dont il s'agit dans l'analyse, c'est de la constitution d'un sujet qui a tous les attributs accordés au sujet de la science. Bref, la catégorie idéologique de « sujet de la science » paraît adéquate à penser ce qu'il advient du sujet dans l'analyse. On peut même poursuivre le parallèle au-delà de ce qu'autorisent les formes classiques de l'idéologie du « sujet de la science » puisque j'ai rappelé précédemment que ce que l'analyse opère, c'est un déplacement dans l'imaginaire dont on ne sort pas plus que de l'idéologie dans la pratique scientifique. Enfin, j'ai rappelé que les pensées latentes du rêve sont la matière première du processus d'élaboration du rêve tout comme on peut dire que dans la pratique scientifique l'idéologie est matière première du travail d'élaboration théorique. Même la position du réel est analogue.

   Au-delà de ces convergences, apparaît cependant une divergence fondamentale, si on admet avec Althusser que le procès de production des connaissances est un procès sans sujet ni fin. Même si toute pratique ne se réalise que par et

---

27. Lacan, *Le Séminaire*, XI, p. 27.
28. Lacan, *Ecrits*, p. 680.

sous une idéologie, même si il n'y a d'idéologie que par et pour des sujets, il n'en reste pas moins que toute pratique scientifique s'inscrit dans le procès de production des connaissances en tant que procès sans sujet ni fin. De ce point de vue, le « sujet de la science » n'existe pas, ce que Lacan reconnaît dans une certaine mesure en posant que la science est une idéologie de la suppression du sujet. On peut évidemment mettre cela en rapport avec les effets de dépersonnalisation constatés dans l'analyse. Est-ce pour autant suffisant ? En fait, il semble que de Lacan à Althusser, on ne se situe pas exactement sur le même terrain. Ce que nous permet d'entrevoir la pratique de l'analyse, c'est davantage les conditions d'appropriation subjectives du concept que le procès de sa construction. Ceci m'amène à avancer quelques hypothèses sur la distinction qu'il y a lieu de faire entre *concept* et *objet de connaissance*.

Le concept n'est pas l'objet de connaissance. Le concept, je l'ai situé en référence à une contradiction entre objet de connaissance et objet réel, constitutive de l'objet propre d'une science. Le lieu du concept, c'est le procès de production des connaissances en tant que procès historique. Cela implique qu'il n'y a pas de sujet du concept, que le concept n'est jamais achevé, qu'il n'est pas créé mais construit dans un procès de production, c'est-à-dire de transformation. Ceci dit, le travail du concept se réalise comme développement d'une contradiction entre un objet de connaissance et un objet réel, développement qui s'effectue dans le sens d'une adéquation de cet objet de connaissance à cet objet réel. Il faut donc que l'objet de connaissance autant que l'objet réel existent matériellement pour que ce travail puisse s'accomplir. Je dis que ce qui constitue l'objet de connaissance est une appropriation subjective du concept qui procède d'une anticipation de l'achèvement du concept. Bien que l'objet de connaissance paraisse rétrospectivement changer singulièrement au cours de l'histoire d'une science, en un autre sens, cet objet reste le même tant que la science qu'il spécifie existe en tant que science ayant sa spécificité propre. J'ajoute à ceci que c'est l'anticipation de l'achèvement du concept qui lui confère ce caractère d'objet immuable, hors du temps et de l'histoire au point qu'on peut venir à le confondre avec le réel lui-même. Enfin, c'est de l'anticipation de l'achèvement du concept que se constitue le « sujet de la science » en tant que sujet pensant le concept dans son achèvement. Il semble donc que l'existence de pratiques scientifiques au sens où nous l'entendons ici suppose le développement de formations idéologiques constituant une forme-sujet « sujet de la science » qui rendent matériellement possible l'appropriation subjective du concept dans des pratiques scientifiques, l'anticipation de l'achèvement du concept et la constitution matérielle d'un objet de connaissance. La spécificité de l'objet de la psychanalyse, sa position singulière dans les sciences tient à ce que ce sur quoi elle opère, c'est justement ce « sujet de la science », ce qui explique que Lacan considère que la pratique de la psychanalyse, sous la forme où nous la connaissons, n'a de prise que sur le sujet de ce qu'il appelle « la civilisation scientifique ».

Ceci ne règle pas la question de savoir si la psychanalyse est ou non une science, question qu'on ne saurait régler ici et à laquelle seule la psychanalyse elle-même peut apporter réponse. Tout ce que l'on peut dire à ce propos, c'est que la spécificité de l'objet de la psychanalyse a pour conséquence que la dimension de l'histoire, hors d'un espace dont je viens de rappeler la délimitation, échappe à la psychanalyse. Cette dimension lui échappe de l'intérieur comme pour les sciences dites exactes sans pour autant lui échapper vraiment. L'irruption de la psychanalyse comme du matérialisme historique dans le champ des sciences n'est pas sans provoquer bien des bouleversements. En particulier, la psychanalyse s'attaque à ce qui constitue le noyau des idéologies bourgeoises, leur forme-sujet spécifique : l'individu-sujet. Que dans ces conditions la psychanalyse n'ait cessé d'être l'objet de tentatives de recouvrement dans la théorie comme dans la pratique de la part notamment de l'idéologie psychologique, peut-on s'en étonner ? La psychanalyse n'y a pas partout résisté. Qu'elle ait pu dans une certaine mesure se maintenir en France, ce n'est certainement pas le fait du hasard mais de conditions historiques qu'il serait intéressant de définir. Je me contenterai ici d'indiquer que cela a un rapport avec la question de l'erreur et de la vérité. J'ai rappelé tout à l'heure que dans l'erreur, à la différence de la tromperie ou du mensonge, la vérité échappe. Il me faut maintenant ajouter qu'il ne dépend pas seulement de l'évidence de la vérité qu'elle s'impose et supplante l'erreur même dans le domaine des sciences. Il est parfaitement exact que la psychiatrie comme la psychologie ont bien été contraintes de cerner au plus près la vérité de la psychanalyse. Il n'en reste pas moins que la psychologie comme la psychiatrie se sont massivement maintenues à l'égard de la psychanalyse dans l'erreur, ce qui a des conséquences non seulement dans les sciences, mais encore dans la pratique dite thérapeutique. De plus la mesure dans laquelle dans la psychologie comme dans la psychiatrie il a été nécessaire de tenir compte de la psychanalyse et de ce qui pourra advenir par la suite en cette matière dépend d'un rapport de force qui, en dernier ressort est d'ordre politique, plus que scientifique. Cela vaut aussi pour le matérialisme historique à la différence près que le rapport du matérialisme historique au développement de la lutte des classes paraît beaucoup plus direct que celui de la psychanalyse. Je dis bien « paraît » car d'un autre point de vue, le matérialisme historique suppose, dans une certaine mesure, la psychanalyse sans qu'il faille voir là une quelconque justification du freudo-marxisme. Cela tient à ce que j'avance maintenant, à savoir qu'il n'y a pas à supposer d'autre sujet que celui que la psychanalyse définit comme effet du langage en tant que réalisation du symbolique.

En particulier, il n'y a pas à supposer de « sujet de la langue ». Il est vrai que Saussure attribue à la langue comme telle une activité de classement et d'association qui a toutes les apparences de l'activité d'un sujet. Ce sujet, cela ne saurait être le sujet parlant — là-dessus Saussure est tout à fait clair — ni non plus cette institution sociale pas comme les autres à laquelle il identifie la langue. Le seul sujet auquel cette activité pourrait être attribuée serait un « sujet de la science ». En réalité la question doit être reformulée autrement. Il faut prendre la langue en tant qu'objet de connaissance constitué par une anticipation de l'achèvement du concept dans l'appropriation subjective de ce concept, ou bien en tant que concept à situer dans le procès de production des connaissances, procès sans sujet ni fin. En un sens la place du « sujet de la langue » est déjà occupée dès lors que la psychanalyse définit le langage comme condition de l'inconscient et le sujet comme effet du langage en tant que réalisation du symbolique. Je ne reviendrai pas sur ce que j'ai dit concernant la question des universaux et celle de la réalité psychologique de la grammaire. Quelque chose échappe néanmoins encore, c'est le rapport de l'objet de connaissance au concept dans sa dimension historique, c'est-à-dire aussi quelque chose qui concerne le régime de matérialité de l'objet de connaissance et son rapport d'adéquation au réel. Que l'objet de connaissance masque l'inachèvement du concept, son rapport contradictoire à l'objet réel, c'est une chose. Mais l'objet de connaissance n'est pas seulement l'objet d'une appropriation subjective qui se réalise sous des formes diverses. Il est aussi comme tel objet inscrit dans l'idéologique en tant que « représentation imaginaire du rapport imaginaire aux conditions réelles d'existence ».

Nous touchons ici, je le pense, à la contradiction constitutive de l'objet propre de la psychanalyse elle-même, contradiction qui doit être mise en rapport avec la notion de langage. La psychanalyse en tant que science ne suppose pas seulement l'existence du langage en tant que réalité, elle suppose le concept de langue, seul propre à établir la dimension du signifiant :

> « Le signifiant est une dimension qui a été introduite de la linguistique. La linguistique dans le champ où se produit la parole, ne va pas de soi. Un discours la soutient, qui est le discours scientifique. Elle introduit dans la parole une dissociation grâce à quoi se fonde la distinction du signifiant et du signifié. Elle divise ce qui pourtant semble aller de soi, c'est que quand on parle, ça signifie, ça comporte le signifié, et bien plus, ça ne se supporte jusqu'à un certain point que de la fonction de signification. Distinguer la dimension du signifiant ne prend relief que de poser que ce que vous entendez, au sens auditif du terme, n'a avec ce que ça signifie aucun rapport. C'est là un acte qui ne s'institue que d'un discours, le discours scientifique. »[29]

La notion de discours scientifique prend ici le relais de ce qui, dans d'autres textes de Lacan, au niveau de l'introduction de la dimension du signifiant, marquait une référence à l'objet de connaissance de la linguistique plus qu'au

---

29. Lacan, *Le séminaire*, XX, p. 31.

concept de la langue lui-même[30]. La référence à ce qu'on appelle « le discours scientifique » ne règle rien. Si en effet, on ne saurait nier l'existence de discours scientifiques, en tant que discours dans lesquels un certain réel est inscrit dans du théorique par le biais d'une pratique scientifique, il faut aussi admettre que la modalité d'existence du discours scientifique est l'idéologique. En d'autres termes tout discours scientifique est aussi un discours idéologique de la même façon que l'on peut dire comme Elisabeth Roudinesco que Freud « inaugure une pratique nouvelle du discours scientifique : celui-ci n'est plus pris comme modèle, mais comme discours où parle le désir »[31]. Ce n'est pas au niveau du discours que l'on peut, comme l'auraient voulu Frege ou Russell, caractériser le discours scientifique par opposition au discours idéologique, en tant que discours de la fiction ou de la méconnaissance. Ici nous retrouvons le primat de la pratique. On peut toutefois tirer quelques enseignements de l'existence de discours scientifiques concernant à nouveau la question du langage. En effet la possibilité de l'inscription d'un certain réel dans le théorique suppose au sein même du discours une certaine autonomie par rapport à l'idéologie. Le fondement de cette autonomie relative, c'est l'irréductibilité de ce réel du langage que permet de penser le concept de langue, aux superstructures idéologiques. D'où je conclurai que l'autonomie relative de la langue est le fondement du rapport du sujet au désir comme à l'idéologie même si ces deux dimensions du sujet, en tant qu'effet matériel, sont irréductibles l'une à l'autre. Le sujet est toujours à la fois sujet de l'idéologie et sujet du désir inconscient et cela tient à ce que nos corps sont pris dans le langage avant toute cogitation. N'y voir que le fondement d'une aliénation quasi-existentielle, c'est oublier que le langage est aussi ce qui rend possible une appropriation du réel comme de la discordance du sujet d'avec sa propre réalité dont la névrose et la psychose représentent les formes dramatiques.

---

30. « ... le signifiant ne se constitue que d'un rassemblement synchronique et dénombrable où chacun ne se soutient que du principe de son opposition à chacun des autres » par exemple (Lacan, *Ecrits*, p. 806).
31. *Un discours au réel*, p. 100.

POUR CONCLURE

Que le langage en tant qu'outil fasse toujours défaut, cela est patent et il n'y a guère plus à en dire, scientifiquement parlant j'entends. En tant qu'instrument de la communication et de l'échange, de la pensée et de son expression, il finit toujours par trahir la pensée, par être cause de malentendus, d'illusions et d'erreurs. Parler en l'occurrence d'un défaut du langage, le présenter comme un mauvais outil, comme Bentham ou comme Frege, paraît même un euphémisme qui préserve le mirage du langage bien fait, de l'outil perfectionné ou d'un usage raisonné de cet outil. Ce n'est pas ainsi que l'on peut approcher la langue.

Frege ne traite pas de la langue ; il est dans la philosophie du langage ; il a affaire à la vérité contre la fiction et la démagogie et non à ce qui peut ou ne peut pas se dire. Les langues, qu'il dit être d'usage, l'embarrassent parce qu'un certain impossible leur échappe, parce que peut s'y dire ce qui pour lui n'est pas, quelque chose qui ne serait que de pouvoir se dire. C'est ce qu'il repère avec la présupposition pour la réinscrire aussitôt dans l'ordre de la vérité et de la représentation, par le biais d'une objectivation du vrai et du faux mis en position de référence.

Les linguistes, de Saussure à Chomsky en passant par le structuralisme, n'ont que faire de la référence et de la représentation. Ils passent leur temps à s'en défaire. Un autre impossible que le partage de la vérité et de l'erreur structure leur objet : ce qui ne peut pas se dire. Mais cet impossible ne peut être défini que confronté à un possible qui, ne pouvant être dit en principe, n'est pas de la langue. Telle est la position singulière des linguistes : faire exister ce qui de leur objet n'est pas, notamment sous forme d'incorrections ou d'agrammaticalités. Cela suppose que l'on dispose ou que l'on puisse produire un extérieur de la langue mais pas n'importe quel extérieur, un extérieur qui n'est pas sans rapport avec ce qui est de la langue tout en en étant exclu. C'est ainsi que peut être délimitée la *règl*e de ce qui est de la langue. Ainsi *[1] :

(1) ils font leur loisir avec empressement

a rapport à la langue, puisqu'il y a :

(2) ils font leur devoir avec empressement

mais en est en principe exclu.

Pour le linguiste il s'agit donc de produire la raison d'une différence sous un rapport, qui est aussi la raison d'un impossible : pourquoi *loisir* est impossible là où il y a *devoir*. De ce qui serait proprement extérieur à la langue, sans aucun rapport avec ce qui est de la langue, il n'y a rien à tirer. Mais qu'est-ce qui, dans l'ordre du langage, pourrait être proprement extérieur à la langue, sans aucun rapport avec la langue ? N'est-ce pas par une pure vue de l'esprit que l'on peut le concevoir ? Ce qui fait justement question, c'est très précisément que cet extérieur proprement dit, cet extérieur sans aucun rapport échappe toujours, à preuve l'émerveillement des parents devant les tout premiers balbutiements voire vagissements, de leur enfant et tout ce qu'ils y entendent. D'où l'on peut conclure que du langage rien n'échappe proprement à la langue, rien n'est proprement sans rapport avec la langue, ce qui donne toute sa portée à l'affirmation de Saussure : c'est la langue qui fait l'unité du langage. L'embarras des linguistes n'en est que plus grand, contraints qu'ils sont de devoir produire la raison d'un impossible qui n'a pas de frontières assignables. A l'impossible, nul n'est tenu, sauf le linguiste. Cet impossible en tant qu'il est défaut dans le rapport du langage à la langue est ce par quoi la langue

---

1. Chomsky, *Aspects*, p. 202.

existe, la raison même de la langue. L'objet des linguistes est toujours en passe de leur échapper. Ils sont entièrement suspendus pour le structurer, pour en produire la raison au-delà d'une simple description, aux critères qu'ils se donnent pour, dans l'ordre du langage, énoncer la différence de ce qui est de la langue à ce qui n'en est pas. Là-dessus, ils peuvent diverger et ils ne s'en privent pas. Cela n'empêche pas que pour autant qu'il y a du langage, il y a de la langue. C'est là qu'un réel insiste, un réel qu'on ne saurait contourner.

Ayant reconnu ce réel, le pas que l'on risque de franchir est de le supposer réductible au réel d'un sujet, qu'il soit de nature ou de droit, peu importe pourvu que ce réel, il l'objective. C'est pourtant bien ce que font tous les linguistes pour tenter de s'assurer de leur objet, tous les linguistes de Saussure à Chomsky car c'est bien d'une telle objectivation que sont le support tant les notions de *faculté de langage* et de langue comme *institution sociale* que la notion de *compétence linguistique* doublée de celle d'*intuition linguistique*. Rien de plus. Ce qui est remarquable ce n'est pas tant que les linguistes fassent ce pas, c'est qu'ils y échouent, que la langue déborde ce sujet qu'ils lui supposent. Ce débordement se repère *dans* la langue en différents points dont la question de la présupposition sur laquelle je me suis longuement étendu. Je dis bien *débordement* car la présupposition est ordonnée à la langue. Cela on ne saurait l'enlever aux linguistes qui en ont traité. Il n'en reste pas moins qu'elle introduit dans le registre de ce qui peut se dire et ne peut pas se dire une dimension qui ne coïncide pas avec celle qui structure l'objet des linguistes. Il s'agit d'un « défaut » du langage dans son rapport à la langue, d'un défaut qui embarrasse les linguistes. Pourquoi :

(3) Pierre ne se doute pas que Jean viendra

est possible, alors que :

(4) Je ne me doute pas que Jean viendra

ne l'est pas.

On peut certes bricoler des raisons linguistiques de ce genre d'impossible comme dans le cas de *loisir* et *devoir* évoqué tout à l'heure. A l'examen, je crois l'avoir montré, il s'agit bien d'un bricolage, certes toujours possible, mais dont la

seule raison d'être ne résulte que de ce qu'on voudrait que
la linguistique, par ses moyens propres, rende compte du tout
du langage par la langue. Il y a là une *totalisation* dont le support est le sujet supposé de la langue. Je tiens la théorie exposée par Ducrot comme étant la théorie « linguistique » la
plus conséquente de la présupposition. Elle a le mérite de
faire éclater le paradoxe de toute théorie de la sorte parce
qu'elle conduit à supposer un sujet de la langue. Lorsqu'il
est fait de la présupposition, et plus généralement de tout
« acte de langage », un acte juridique, on passe subrepticement d'un impossible (linguistiquement parlant) à une obligation qui, comme telle, ne peut être qu'obligation pour un
moi (celle, entre autre, de ne pas se contredire et de savoir
ce que suppose ce qu'il énonce), c'est-à-dire une obligation
imaginaire. Parler d'obligation imaginaire est à vrai dire un
pléonasme car il ne saurait y avoir d'obligation qu'imaginaire,
un pléonasme qui révèle la non-distinction de l'imaginaire et
du symbolique par laquelle le réel de la langue échappe. Le
linguiste s'y montre victime de l'illusion d'autonomie du moi,
de la fonction de méconnaissance de l'imaginaire qui supporte
la totalisation que j'évoquais à l'instant.

Dans l'impossibilité de (4), ce qui pointe, c'est le sujet de
l'énonciation sous le sujet de l'énoncé comme le démontre
la possibilité de (3). En fait c'est tout simplement :

(5) Je ne me doute pas

qui paraît impossible parce que le sujet de l'énoncé y coïncide
avec le sujet de l'énonciation et que ce dernier en vacille
entre savoir et non-savoir. D'où il ressort :

— que la présupposition a rapport à ce que le sujet de
l'énonciation est supposé savoir

— que le sujet de l'énonciation ne peut pas être partagé
entre savoir et non-savoir à la différence du sujet de l'énoncé.

En effet, par (3) Pierre peut ne pas savoir que Jean viendra alors que le sujet de l'énonciation ne peut pas ne pas le
savoir.

Ce sujet qui ne peut pas être partagé entre savoir et non-savoir, qui ne peut que savoir est ce que j'ai appelé précédemment le « sujet universel ». D'où je conclurai que l'existence de la question de la présupposition *dans* la linguistique *pour conclure*

suppose le « sujet-universel » auquel par cette question même se trouve identifié le « sujet parlant » en tant que sujet supposé de la langue. Sans cette identification, la question de la présupposition ne se pose tout simplement pas.

Je n'emploie pas ici le terme d'identification à la légère car il ne peut y avoir de « sujet universel », en tant que sujet qui ne peut que savoir, que dans l'imaginaire ou dans l'idéologie. Ce sujet est en effet réduit à être le support d'un savoir sur la langue mais comme il faut prendre comme un fait de structure que rien du langage n'échappe proprement à la langue, ce savoir sur la langue est toujours en passe de basculer en un savoir sur le monde, en un savoir universel sur le monde. Un tel sujet ne peut exister que dans le registre de matérialité de l'imaginaire ou dans celui de l'idéologie. Mais alors le fait de structure touchant à l'existence matérielle de la langue que je viens de rappeler apparaît comme étant ce qui produit dans ce registre de matérialité le sujet universel sous la forme du sujet de l'identification symbolique pour ce qu'il en est de l'imaginaire (l'Autre en tant que sujet), et sous la forme du « sujet de la science » ou de ses analogons, Dieu notamment en ce qui concerne l'idéologie. En bref, je dirai que s'il y a du « sujet universel » dans l'imaginaire comme dans l'idéologie, c'est parce qu'il y a la langue. Projeter ce sujet universel sur le « sujet parlant » ferme la langue, la constitue en totalité incluant le tout du rapport du langage à la langue. Cela n'a pas les mêmes implications selon qu'on se place du point de vue de l'imaginaire ou du point de vue de l'idéologie. En ce qui concerne l'imaginaire, cette projection annule la dimension de la parole. Or si la parole suppose la langue, elle n'est pas réductible à la langue. La parole pose la distinction entre savoir (imaginaire) et vérité en tant que cause du désir, entre le savoir de celui qui énonce et la vérité qui se dit à son insu dans ce qu'il énonce, notamment à travers le lapsus ou la dénégation. De ce point de vue *je ne me doute pas* peut être entendu comme lapsus ou dénégation. Pour l'idéologie, c'est la dimension de l'histoire qui disparaît sous le sujet parlant constitué en sujet universel et avec elle la dimension du discours. Le discours du « sujet universel » ne peut être qu'un discours hors de l'histoire, un discours sans histoire dont la vérité est toujours déjà établie et universelle. Que l'idée même d'un tel discours ne se soutienne que d'une conception profondément idéaliste de la vérité théorique ne me paraît pas devoir être à redémontrer[2]. Je retiendrai simplement que la projection du « sujet universel » sur le sujet parlant implique cette conception de la vérité théorique et occulte la dimension du discours en tant qu'elle représente celle de l'histoire dans le langage.

Si donc l'existence dans le registre de matérialité tant de l'idéologie que de l'imaginaire d'un « sujet universel » semble ne tenir qu'à ce que du langage rien n'échappe proprement à la langue, ce qui pose l'existence de la langue, ainsi que de l'identification à ce sujet universel d'un sujet supposé de la langue, il apparaît que les conséquences de cette identification dans chacun de ces deux registres ne sont pas de même ordre. Dans le cas de l'imaginaire, c'est la dimension de la parole et du désir qui se trouve méconnue ; dans le cas de l'idéologie, il s'agit des dimensions du discours et de l'histoire. La méconnaissance de ces deux dimensions, en tant que dimensions constitutives du langage, n'empêche pas qu'elles resurgissent dans la linguistique sous forme de questions qu'elle ne peut que contourner, notamment la question de la présupposition et celle de la sémantique. Dans la linguistique, les effets de cette double méconnaissance sont enchevêtrés, ce qui ne rend que plus difficile leur abord car la confusion de ces deux dimensions entretient cette méconnaissance. Il apparaît en effet que la projection du sujet de l'identification symbolique et celle du sujet de la science sur le sujet supposé de la langue se soutiennent l'une l'autre. En particulier, la conception de la vérité théorique que j'ai qualifiée tout à l'heure de profondément idéaliste paraît entièrement adéquate pour penser ce qu'il en est de la vérité du point de vue de l'inconscient. Faut-il ne voir là que l'insistance de l'impossible « dehors » de l'imaginaire comme de l'idéologie ?

---

2. Cf. notamment E. Balibar, *Cinq études du matérialisme historique*, Paris, Maspéro, 1974, p. 257.

NOTE SUR LA PRESUPPOSITION ET LE SENS LITTERAL

par

Oswald Ducrot

Il est peu habituel de donner la parole, en annexe à un ouvrage, aux théories qui y sont critiquées. Je suis d'autant plus reconnaissant à Paul Henry d'avoir accepté que je dise ici quelques mots sur mon usage actuel de la notion de présupposition, notion fort malmenée dans la première partie de son livre. Il ne s'agira pas de justifier l'outil linguistique que constitue la présupposition : selon moi il se justifie avant tout par sa valeur heuristique, par la masse d'observations empiriques qu'il a permis de formuler, donc de faire, et il n'est pas question de les exposer ici. Je ne chercherai pas non plus à répondre au détail des critiques de Paul Henry, c'est-à-dire à discuter ses contre-exemples, ce qui impliquerait d'écrire un chapitre sur son chapitre. Mais je voudrais expliquer quel rôle joue la présupposition dans la recherche sémantique telle que je la conçois, et d'autre part montrer comment la notion a été progressivement transformée, et continue à l'être, transformations destinées à lui permettre de mieux jouer son rôle. Il est clair cependant que l'image que je peux me faire actuellement de ce rôle n'a pas été donnée d'emblée, qu'elle s'est constituée peu à peu, et qu'elle s'est, dans une large mesure, constiuée par opposition, afin d'échapper à d'autres images. Notamment afin d'échapper à l'image que propose ici Paul Henry, et dont la netteté m'a aidé à expliciter par contraste ce que je crois penser (à l'expliciter, c'est-à-dire, à le penser autrement).

Selon Paul Henry — si je comprends bien ses critiques — mon recours à la présupposition a deux fonctions principales, et coupables. Il permet de réintroduire la notion de sujet (qu'un saussurianisme conséquent aurait dû définitivement liquider), et il permet de dissimuler la « contradiction » existant entre l'« objet réel » concerné par la recherche linguistique, et l'« objet de connaissance » construit au cours de cette recherche. Ces deux fonctions ne sont d'ailleurs pas indépendantes. D'une part, parce que l'idéologie du sujet constitue un « mode d'appropriation » de ladite contradiction — ce que je ne me hasarderai pas à discuter. D'autre part parce que les deux attitudes critiquées se fondent l'une et l'autre sur l'illusion du sens littéral : c'est là que les linguistes sont directement concernés, et mis en présence de problèmes difficiles que nous avons tendance à esquiver.

Introduire le sujet dans la théorie de l'énonciation, c'est, pour Paul Henry, croire que l'agent de l'énonciation, c'est-à-dire le locuteur, celui qui construit un énoncé et le prononce, est l'auteur et le responsable du sens transmis par l'énonciation, c'est donc croire que celui qui parle est aussi celui qui dit. Or un marxisme conséquent condamnerait (et, ce qui m'importe davantage, aurait raison de condamner) une image aussi simpliste. Pour que je puisse être l'origine du sens de mes paroles, il faudrait en effet d'abord que je puisse, au moment où je parle, connaître ce sens, l'étaler devant moi. Ce qui est impossible dans la mesure où il dépend de la situation, et où celle-ci, en m'enveloppant, m'échappe. Cette conclusion est d'autant moins évitable qu'on donnera au mot « situation » le sens le plus large, en y incluant notamment les associations où sont pris habituellement, dans l'ensemble de discours dont fait partie le mien, les mots dont je me sers. De sorte que le locuteur ignore nécessairement ce que ses paroles signifient. Par méchanceté, je rappellerai que Gide disait quelque chose d'approchant, dans l'irritant langage « homme de lettres » du début du siècle, en soutenant que seul le lecteur peut révéler à l'auteur le contenu de son œuvre, et il appelait la « part de Dieu » — par opposition à la « part du scribe » — ce sens qui se dit à travers la parole, sans être pour autant dit par celui qui parle. Si on veut en revanche maintenir que le locuteur est le sujet de son énonciation, il faut arriver à définir un sens qui ne risque pas de lui échapper, un sens qu'il puisse circonscrire, envisager et choisir.

C'est ce que font les linguistes, selon Paul Henry, lorsqu'ils supposent que chaque phrase, prise isolément, possède un sens, son « sens littéral » (dans ma terminologie, c'est la « signification »). Car si la valeur situationnelle de nos paroles peut nous échapper, leur valeur littérale, en revanche, devrait nous être connue — dans la mesure où nous connaissons la langue que nous utilisons. Nous pourrons donc en être déclarés responsables, et être de ce fait considérés non seulement comme les agents, mais comme les sujets de nos énonciations.

Si on a admis jusqu'à ce point le raisonnement de Paul Henry, il est clair qu'on devra refuser la notion de présupposition, telle, en tout cas, qu'elle est présentée dans *Dire et ne pas Dire*. Car le présupposé, dans cet ouvrage, est défini comme un constituant sémantique de l'énoncé, de la phrase (les deux mots étant utilisés comme équivalents). Bien plus, je l'oppose par là à ce que j'appelle « sous-entendu » : le sous-entendu, lui, n'est pas inclus dans l'énoncé, mais apparaît seulement lorsque le destinataire cherche pourquoi le locuteur a cru bon, à tel endroit et à tel moment, d'utiliser l'énoncé. Supposons ainsi, en reprenant un exemple bien culotté, que A annonce à B :

(1) Pierre a cessé de fumer.

B peut en conclure, outre le fait (a) que Pierre, actuellement, ne fume pas, d'une part l'indication (b) qu'il fumait autrefois, et d'autre part, dans de nombreuses circonstances au moins, le rappel (c) qu'une personne déterminée (A, B, ou un tiers) n'a, elle, pas cessé de fumer. Il est devenu habituel de considérer (a) comme un posé, c'est-à-dire comme ce dont l'annonce est l'objet *avoué* de l'énonciation, alors que (b) et (c) sont, pour moi, des implicites, en ce sens que le locuteur peut toujours prétendre n'avoir pas *voulu* les dire : même si leur communication constitue en fait la raison d'être de l'acte de parole accompli, ils ne sont pas *présentés* comme tels. S'il s'agit, ensuite, de distinguer l'un de l'autre (b) et (c), on classera généralement (b) parmi les présupposés, et (c) parmi les sous-entendus. Et pour expliquer cette collocation, on alléguera notamment que le locuteur peut nier la vérité de (c), alors que sa responsabilité est engagée vis-à-vis de (b) (bien qu'il puisse nier avoir *voulu* le dire, il ne peut pas nier l'avoir dit). Observation qui m'a amené à soutenir (d'une façon que je rectifierai tout à l'heure), que (b) relève de l'énoncé lui-même, qu'il appartient au sens littéral, alors que (c) est produit seulement à partir de l'acte d'énonciation. Une telle démarche semble donc bien montrer, comme me le reproche Paul Henry, que la notion de présupposé implique celle de sens littéral, et, par suite, qu'elle permet de sauver la croyance au sujet.

Le reproche est encore aggravé par le fait que j'ai appelé le présupposé un implicite. J'entendais par là que ce qui est dit sous cette forme, n'est pas présenté comme l'objet du dire : s'il est dit, c'est avec l'apparence de ce qui n'a pas à être dit. Mais le mot « implicite » désigne beaucoup plus. Il peut s'appliquer aussi à l'ensemble de croyances charriées par un discours sans que le locuteur ait eu l'intention claire de faire servir son discours à leur communication. Rechercher l'implicite, c'est alors tenter de découvrir, derrière la prétention de l'auteur à apporter un message nouveau, la répétition, le rabâchage, des « évidences » d'une collectivité. Or il est bien certain que la recherche linguistique des présupposés a un objectif différent, et beaucoup plus modeste : elle concerne seulement le mode de présentation des contenus véhiculés par le discours, et non pas leur origine. Quand j'appelle le présupposé un implicite, je veux caractériser seulement la façon dont le locuteur l'a logé dans la parole, non pas la façon dont il est parvenu dans cette parole. Certes il peut arriver que se glissent dans le discours certains présupposés qui témoignent de sentiments ou de croyances que le locuteur aurait autant aimé taire, ou dont il n'a même pas une conscience nette. Il peut arriver qu'on contrôle moins le présupposé que le posé, de sorte que la mise à jour des présupposés risque d'avoir quelques vertus psychanalytiques (c'est le cas, par exemple, lorsque le leader d'un parti politique X déclare qu'il respectera la liberté des autres partis, « même du parti Y », ce qui présuppose, au sens le plus strict du terme, que le respect du parti Y est, pour X, un grand signe de libéralisme, aveu instructif, ou au moins amusant, si les partis X et Y sont officiellement alliés). Mais il me faut bien admettre que ces cas de lapsus présuppositionnels restent exceptionnels, et que, la plupart du temps, les présupposés n'apportent pas, par eux-mêmes, de révélations (bien qu'il soit indispensable, selon moi, si on veut comprendre l'organisation interne, la démarche, d'un discours, de les reconnaître et de les distinguer des posés). De sorte qu'on peut me reprocher, en vertu d'un schéma argumentatif en vogue, de vouloir « occulter » (ou, pire, d'occulter « objectivement ») toute cette part de l'implicite dont je ne traite pas. Dans la mesure où celui dont je traite se relie au sens littéral, dans la mesure où il peut être aperçu et choisi par le locuteur, dans la mesure donc où il rend possible que ce dernier agisse en sujet, on attribuera même à ma recherche un caractère récupérateur. Introduire une certaine forme d'implicitation dans les pouvoirs du locuteur, c'est laisser croire que tout l'implicite peut y entrer, c'est donc verser le vin nouveau et révolutionnaire de l'implicite dans les vieilles outres de l'idéalisme universitaire.

Comme la première, la deuxième critique que j'ai isolée dans l'argumentation de Paul Henry est liée, finalement, à la notion de sens littéral. Au départ se trouve la distinction, à laquelle les anciens manuels de philosophie consacraient traditionnellement un chapitre, entre le fait et la théorie. Althusser, cité par Paul Henry, parle d'objet réel et d'objet de connaissance. Dans le domaine linguistique, on trouve une opposition analogue chez Saussure : il distingue la « matière », donnée par l'observation (ce sont les faits de parole), et l'« objet » construit pour en rendre compte (c'est la langue). Opposition reprise par Hjelmslev, qui parle de l'objet *étudié*, celui « dont on part », et de l'objet *spécifique*, celui « auquel on vise », celui qu'on « se propose de dégager » (*Essais linguistiques*, 1959, p. 24). C'est cette séparation que j'ai voulu introduire dans les recherches sémantiques. La matière, l'objet étudié, ou, si on préfère, le réel, consistent, pour moi, en ce que les actes particuliers d'énonciation, effectués dans des circonstances déterminées, sont affectés d'un « sens ». Pour rendre compte des faits de ce genre, je propose, c'est le choix qui commande mon travail, d'affecter aux énoncés eux-mêmes (aux phrases) une valeur sémantique, que j'appelle leur « signification ». Cette valeur, *objet spécifique*, *objet de connaissance*, est construite par le linguiste, qui lui impose deux exigences. D'une part elle doit contribuer à expliquer les sens réalisés dans l'énonciation (*objets réels* de la recherche), d'autre part elle doit être calculable, pour toutes les phrases d'une langue, à partir de règles générales liées au lexique et à la syntaxe de cette langue. C'est pourquoi, dans un article sur la « Description sémantique » (*Journal de Psychologie*, janv. 73, p. 120), j'ai tenté de séparer deux types d'hypothèses. Certaines, dites externes, commandent l'observation du réel à expliquer. Elles servent, pour reprendre la terminologie des manuels de philosophie, à établir le « fait scientifique » à partir du donné immédiat (car le « fait » est lui-même gonflé d'hypothèses : il est, disait Duhem, fabriqué avec les théories d'hier). Les autres, que j'appelle « internes », entrent dans la constitution de l'objet théorique à l'aide duquel on expliquera. Les premières, en sémantique, concernent la description du sens des énonciations, les secondes, la construction de la signification des énoncés. Une de mes hypothèses « internes », si on se rappelle le paragraphe précédent, consiste à séparer, dans l'énoncé lui-même et avant toute énonciation, un contenu sémantique « explicite » — le posé —, et un contenu « implicite » — le présupposé —, en réservant à l'énonciation une autre forme d'implicite, le sous-entendu.

Aussitôt faite, cependant, cette distinction des deux objets est menacée — et cela, du simple fait qu'on tente de la mettre en pratique dans un travail effectif (car elle ne court aucun risque tant qu'elle sert à décorer, bien astiquée, une vitrine de philosophe). Je voudrais montrer comment, pour ma part, j'ai certainement été amené à l'oublier au moment même où je m'en servais. Est-ce qu'une telle autocritique correspond bien à la critique — adressée par Paul Henry aux sémanticiens actuels — de chercher à « s'approprier la contradiction » existant entre les deux objets, ou puis-je revendiquer le mérite de l'avoir « travaillée » ? J'ai trop peu l'usage de cette terminologie pour chercher à en décider. Mais il reste que je crois avoir mieux pris conscience, en lisant les premiers chapitres du *Mauvais Outil*, d'un glissement que j'avais plus de mal, auparavant, à expliciter — et que je vais essayer de décrire.

D'abord il me faut pourtant distinguer ce glissement, que je vais confesser, de ce qui serait une chute, et qui consisterait à vouloir établir l'objet de connaissance au moyen d'une observation analogue à celle où apparaît l'objet réel. En sémantique linguistique, cela amènerait à prétendre « observer » la signification des énoncés. J'espère avoir suffisamment montré, sur des exemples linguistiques précis (entre autres, la description de *mais* ou celle de *même*) les artefacts que détermine cette attitude, qualifiée d'« introspection artificielle ». Et si j'ai introduit dans la signification de l'énoncé des variables « référentielles » et « intentionnelles », destinées à être spécifiées à partir de la situation — et qui ne peuvent évidemment pas être un objet d'observation —, c'est justement parce que cette signification n'a pas à être justifiée, selon moi, par une intuition directe du linguiste. Ce qui la justifie, c'est sa valeur explicative.

Mais, une fois précisé ce point, il reste que l'utilisation explicative de l'objet construit, la seule qui me paraisse acceptable, introduit elle-même certains risques de confusion. Car l'objet construit peut-il remplir sa fonction s'il n'est pas, dans une certaine mesure, homogène à ce qu'il doit expliquer ? Sous sa forme la plus brutale, cette homogénéité peut être conçue comme une présence sous-jacente du théorique dans le constaté. Ainsi, lorsqu'un physicien construit la notion de gaz parfait pour rendre compte des phénomènes observés sur les gaz réels, il a, consciemment ou non, tendance à supposer que le gaz réel est un gaz parfait, additionné de diverses impuretés. Ainsi s'expliquerait qu'il possède, à une certaine approximation près, les propriétés prévues pour les gaz parfaits. Et il faut bien reconnaître qu'on rencontre une tentation similaire en sémantique. On peut être tenté de penser que le sens de l'énonciation (considéré comme un réel) est égal à la signification de l'énoncé (c'est-à-dire à l'objet construit), assaisonnée de quelques ingrédients accidentels apportés par la situation de discours. On aboutit presque nécessairement à une telle image si on *définit* le présupposé (par contraste avec le sous-entendu) comme un constituant sémantique attaché à l'énoncé, et qui serait directement versé de l'énoncé à l'énonciation. Comment en effet ne pas se le représenter, dans ces conditions, comme quelque chose qui est *déjà* dans l'objet théorique (signification, sens littéral) et qu'on retrouve encore, a fortiori, dans l'objet réel (sens). Pour éviter cette conséquence, il est nécessaire (et c'est grâce à Paul Henry que j'en ai le plus nettement pris conscience d'abandonner la thèse, beaucoup trop simple, qui caractérise le présupposé par son lien à l'énoncé. Je montrerai tout à l'heure comment je crois pouvoir le faire, et dans quelles limites.

Mais l'homogénéïté du sens et de la signification peut prendre une deuxième forme, plus cachée. J'ai dit plus haut que le sous-entendu est issu d'une réflexion sur l'énonciation. Il vient en réponse à la question « Pourquoi le locuteur a-t-il dit ce qu'il a dit ? ». En reprenant l'exemple de tout à l'heure, lorsque le sous-entendu (c) apparaît, il sert à expliquer l'annonce que Pierre a cessé de fumer : « S'il croit bon de me signaler *ceci*, qui ne me concerne pas directement, c'est qu'il veut me faire remarquer *cela*, par exemple qu'on peut s'arrêter de fumer, et qu'il me signale, par là, ma lâcheté, ou celle d'un autre ». Mais une telle démarche suppose, comme condition même de sa possibilité, que le destinataire ait d'abord reconnu *ce que le locuteur a dit*, le « ceci » qui a été mentionné plus haut. Car le raisonnement que j'ai postulé ne concerne pas directement la réalité phonétique ou syntaxique de l'énoncé, mais d'abord son contenu. Il ne s'agit pas d'expliquer pourquoi le locuteur a employé tels mots, mais pourquoi il a dit telle chose. Ainsi, pour comprendre l'apparition de sous-entendus liés à l'énonciation, il faut auparavant, semble-t-il, reconnaître à l'énoncé une signification dont la nature est tout à fait comparable à celle du sens obtenu en fin d'interprétation. Pour que le raisonnement en question soit possible, il faut en effet que la signification de l'énoncé constitue un message compréhensible en lui-même, qu'elle puisse être l'objet d'une communication — afin que le destinataire ait à s'interroger, ensuite, sur les raisons de cette communication. Mais a-t-on le droit, dans ces conditions, de considérer la signification de l'énoncé comme un objet théorique, comme un modèle abstrait dépourvu de réalité empirique ? Car elle ne prend de valeur explicative que si le destinataire de l'énonciation se la représente, si donc il la considère, à un moment au moins, comme un sens possible, avant de lui ajouter, ou de lui substituer un autre sens. On se trouve ainsi devant une alternative. Ou bien l'objet théorique n'explique rien, et donc ne sert à rien, ou bien, s'il explique, il a tous les caractères de l'objet réel. Appliquons cette alternative au problème particulier de la description sémantique. Ou bien la signification (sens littéral) attribuée à l'énoncé ne sert pas à faire comprendre le sens effectif de l'énonciation, ou bien elle constitue en elle-même une sorte de sens, analogue à celui qui sera en définitive choisi. Mais admettre cette dernière éventualité, c'est ruiner la distinction du théorique et du réel dont on était parti. Cela peut conduire, d'autre part, à donner une valeur privilégiée à la signification. Car, si elle constitue, comme le sens issu de la situation, l'objet d'une possible communication, comment ne pas la considérer comme supérieure ? Vu son caractère littéral, son inhérence à l'énoncé, elle doit en effet pouvoir être établie, quels que soient les interlocuteurs et les circonstances, avec une parfaite certitude. Elle apparaît alors comme l'outil parfait d'une communication claire et honnête. Tout le reste serait littérature, ou mauvaise foi.

Une telle conception de la langue est-elle impliquée par le recours à la présupposition ? Ce serait un bel exemple de retournement dialectique, car la présupposition a été introduite en sémantique linguistique pour illustrer une image de la langue qui est tout à fait à l'opposé. Il s'agissait de présenter celle-ci comme étant essentiellement un moyen, et peut-être le moyen essentiel, de l'affrontement interindividuel. Mais justement, dirait Paul Henry, il est inévitable qu'on ne puisse pas penser le conflit si on veut le penser en termes d'interaction entre individus. Le vrai conflit est ailleurs, et il oppose les classes sociales. Si on ne tient pas compte de cela, on reviendra toujours, après des détours plus ou moins ingénieux, à l'image idyllique d'une langue consacrée à dire les choses, et qui ignore les rapports de force entre les hommes. Dans les recherches sémantiques, ou bien on doit être marxiste, ou il faut se résigner à l'irénisme.

On aura deviné qu'une telle alternative ne me plaît guère. Et cela d'autant moins que, pour Paul Henry, comme pour Michel Pêcheux, être marxiste, dans les questions de sémantique, cela entraîne qu'on refuse de les aborder en linguiste. Or il me semble peu contestable que, depuis une dizaine d'années, en Europe comme aux Etats-Unis, la sémantique linguistique a accumulé, hors de tout cadre théorique marxiste, une masse impressionnante de connaissances empiriques (en entendant par là, à la fois l'observation de faits inédits, et des hypothèses précises sur ce qu'impliquerait leur mise en relation). Que cela plaise ou non, il y a là un acquis scientifique qu'on peut réinterpréter, mais qu'on ne peut pas annuler. Accepter le dilemme au moyen duquel j'ai schématisé la thèse de Paul Henry, c'est admettre que ces connaissances soient intégrées à la conception « iréniste » dont j'ai parlé. Conception qui n'est pas imaginaire, mais qui existe et se développe. Sa forme la plus perfectionnée, à l'heure actuelle, est une sorte de logique généralisée, visant à caractériser tout énoncé comme le véhicule d'un contenu logique, susceptible d'être vrai ou faux — ce qui revient à donner à la langue une fonction essentiellement informative (cf. les recherches menées dans le cadre de la « grammaire universelle » de R. Montague). Ce que je cherche à faire, c'est à développer une représentation toute différente, qui considère l'action réciproque des interlocuteurs comme le fait linguistique fondamental. Et c'est à l'intérieur de cette représentation que j'ai été amené à donner une place importante à la présupposition.

Je vais tenter maintenant de dire comment — en modifiant, dans cette présentation, certaines thèses trop hâtives, critiquées à juste titre par Paul Henry (mais, alors que Paul Henry les estime révélatrices de mon projet, je pense pour ma part — qui m'en voudrait ? — qu'elles le dénaturent). On devine sur quel point les modifications vont principalement porter. Il s'agira des rapports entre la notion de présupposé et celle de sens littéral. J'essayerai de montrer qu'on peut maintenir à la fois :

1) que chaque énoncé possède, indépendamment de toute énonciation, une « signification » — qu'on peut, si on veut, appeler « sens littéral » ;

2) que cette « signification » (« sens littéral ») est bien un « objet de connaissance » (« objet » au sens de Saussure, « objet spécifique » au sens de Hjelmslev), et qu'elle n'est ni une partie de l'objet réel (c'est-à-dire du « sens » des énonciations) ni une entité de même nature, susceptible d'être visée par un acte de communication ;

3) qu'il est important, lorsqu'on décrit le sens d'une énonciation, de distinguer ce qu'elle pose et ce qu'elle présuppose ;

4) que cette distinction, même s'il arrive qu'elle soit surajoutée à l'énoncé au moment de l'énonciation, peut aussi être déjà marquée à l'intérieur de la signification (dans *Dire et ne pas Dire*, j'affirmais beaucoup plus, j'affirmais qu'elle est toujours, et par définition, inscrite dans la signification) ;

5) que la langue, considérée comme un ensemble d'énoncés sémantiquement caractérisés, se révèle un instrument d'action *avant* d'être un instrument d'information (ceci me semble une conséquence du point 4) ;

6) qu'il est possible de considérer l'énonciateur comme « sujet » (c'est-à-dire comme susceptible de se représenter, à un certain niveau, le sens de ce qu'il dit), sans qu'il soit nécessaire pour autant de confondre ce sens avec la signification de l'énoncé, ou sens littéral (confusion dont la dénonciation fait l'objet du point 2).

*
* *

La plupart des tentatives faites pour traiter dans le cadre linguistique les phénomènes de présupposition ont utilisé deux types de propriétés, que j'appellerai, respectivement, sémantiques et pragmatiques (je recours à ces désignations pour de simples raisons de commodité, et sans les prendre à mon compte — car je refuse justement de distinguer le niveau sémantique et le niveau pragmatique). Les premières concernent certaines invariances de sens que l'on peut constater à travers diverses transformations syntaxiques d'un même énoncé, notamment la négation et l'interrogation. Si on dit qu'un énoncé A présuppose B, c'est généralement que non seulement A, mais aussi ses transformés négatif et interrogatif laissent entendre que B est vrai. Ainsi, en utilisant l'un quelconque des trois énoncés suivants, on maintient que Pierre, autrefois, fumait :

— Pierre a cessé de fumer.
— Pierre n'a pas cessé de fumer.
— Pierre a-t-il cessé de fumer ?

Quant à la propriété pragmatique généralement mise en avant, elle concerne l'attitude que le locuteur de A prête au destinataire par rapport à B. Si A présuppose B, on n'emploie d'habitude A que lorsqu'on croit le destinataire déjà au courant de B. Il y aurait ainsi quelque bizarrerie, ou, en tout cas, une recherche stylistique particulière — éventuellement une habileté rhétorique —, à employer l'un des trois énoncés précédents si on ne pense pas que la personne à qui on s'adresse sait déjà que Pierre, autrefois, fumait. La convergence des deux types de propriétés qui viennent d'être signalés, constitue d'ailleurs en elle-même un fait remarquable. Dès le début, la notion de présupposition apparaît à la jonction des problèmes d'interprétation et des problèmes d'emploi. C'est, pour ma part, ce qui m'a toujours intéressé en elle : elle montre que l'attribution d'une valeur sémantique à un énoncé ne peut se faire sans donner en même temps certaines indications sur son éventuelle utilisation. Toutes mes recherches, depuis une dizaine d'années, ont eu pour but d'illustrer et de préciser cette idée, qui reste bien vague si l'on s'en tient à la formulation précédente.

En ce qui concerne le problème particulier de la présupposition, le moment essentiel, pour moi, a été de voir que les propriétés dont je viens de parler, et que j'appellerai désormais « propriétés classiques », constituent des aspects relativement superficiels (bien qu'ils soient peu contestables) du phénomène étudié. Prenons par exemple les lois « sémantiques ». On remarque facilement qu'elles sont d'une application assez restreinte, dans la mesure où un très grand nombre d'énoncés (certainement la plupart des énoncés d'un texte réel) ne peuvent pas être soumis, de façon tant soit peu naturelle, à la négation ou à l'interrogation. C'est le cas, notamment, pour les phrases déjà complexes, celles qui comportent elles-mêmes des négations internes ou des emboîtements. C'est pourquoi, lorsque Paul Henry veut montrer, p. 54, que les propositions relatives qualificatives n'introduisent pas de présupposés, et qu'il est, en tout cas, difficile de leur appliquer le critère de la négation, il prend pour exemple une phrase déjà négative, « Jean, qui sait que Pierre est là, ne viendra pas », qu'il est difficile, effectivement, de soumettre à une deuxième négation, et qui se prête mal, également, à la transformation interrogative). Mais c'est le cas, aussi, pour un grand nombre de phrases relativement simples. Comment introduire une négation ou une interrogation dans les énoncés :

(2) Pierre était presque à l'heure.
(3) Tous les occupants sauf un ont péri.

Et pourtant il me semble tout à fait désirable d'attribuer à ces deux phrases les présupposés respectifs :

(2') Pierre n'était pas à l'heure.
(3') Un des occupants n'a pas péri.

La raison en est, d'une part, que de telles indications sont effectivement apportées à chaque utilisation de (2) et de (3). D'autre part, et surtout, elles ont un caractère en commun avec les présupposés qui répondent aux critères « sémantiques », et ce caractère m'est apparu de plus en plus comme essentiel. Il s'agit de leur comportement dans ce que j'ai appelé « l'enchaînement ». Je veux dire par là que le locuteur de (2) et (3) ne les destine pas à être coordonnés avec d'autres énoncés au moyen d'une transition qui concernerait seulement, à l'intérieur de leur contenu sémantique, les indications (2') et (3'). En disant « ne les destine pas », j'entends « les présente comme n'étant pas destinés »). Ainsi on n'envisagera pas de dire :

— Pierre était presque à l'heure ; aussi a-t-il raté son train qui n'avait pas une minute de retard.

On peut, en revanche, prévoir l'enchaînement :

— Pierre était presque à l'heure ; aussi a-t-il pu attraper son train, qui avait quelques minutes de retard.

La raison en est que la première succession se fonderait sur l'élément (2') (« Pierre n'était pas à l'heure »), qui, tout en étant présent dans (2), n'y est pas donné comme devant orienter le discours ultérieur. C'est la même contrainte, selon moi, qui empêcherait le premier des deux enchaînements suivants, ou lui donnerait une valeur fortement sadique :

— Miracle à Orly : tous les occupants de l'avion, sauf un, ont péri.

— Miracle à Orly : un des occupants de l'avion a pu être sauvé.

Enoncer la première suite, ce serait présenter comme miraculeuse, non pas l'existence d'un rescapé, mais la mort des autres passagers (l'élément (3'), en effet, bien qu'il soit incontestablement lié à (3), n'y est pas présenté comme ce qui permet de relier cette phrase avec le discours environnant).

Je ne vais pas, ici, montrer en détail que les présupposés repérés au moyen des critères classiques obéïssent aussi à cette loi d'enchaînement, qui apparaît ainsi comme possédant une valeur tout à fait générale : j'ai tenté de le faire dans *Dire et ne pas Dire*, et de discuter en même temps les principaux types de contre-exemples qu'on pourrait alléguer. Ce qui m'importe plus, c'est de faire remarquer la nouvelle formulation donnée à la loi. D'une part, je me limite aux enchaînements par coordination : on verra par la suite dans quel cadre sont traités les problèmes relatifs à la subordination. D'autre part, j'ai parlé des enchaînements que le sujet parlant « envisage » pour les énoncés (2) et (3), et non pas de ceux qui sont effectivement constatés. Car il existe sans nul doute une multitude de discours réels où un locuteur, ayant énoncé (2) ou (3), continue son discours par rapport à (2') ou à (3'). Et les cas d'enchaînement sur les présupposés sont encore plus fréquents s'il y a changement de locuteur. En disant qu'il s'agit alors de discours ou de dialogues « anormaux » (expression qui m'a été vivement reprochée), je voulais dire — et je crois l'avoir dit explicitement — qu'ils ne font pas partie de l'éventail de possibilités ouvertement proposées par celui qui énonce (2) ou (3). Certes, dans la mesure où les indications (2') et (3') sont contenues dans (2) et (3), il est facile d'expliquer que le destinataire, s'il a quelque raison de les estimer importantes, fonde sur elles sa réponse. Qui plus est, le locuteur a peut-être eu l'intention de provoquer une telle réponse (sa stratégie apparaissant toujours, dans ce cas, comme détournée). Et on peut même très bien comprendre qu'un locuteur unique, après avoir employé (2) ou (3), se ravise — ou fasse semblant de se raviser — et continue d'une façon différente de celle que la première phrase laissait prévoir. Mais tout ceci ne contredit pas la loi d'enchaînement telle que je la formule ici. Celle-ci se réfère à ce que j'ai appelé ailleurs un « discours idéal ». Pour moi, il est constitutif de toute énonciation de s'attribuer à elle-même un certain type d'environnement, de se donner comme continuation ou comme origine d'un certain type de parole. Ce qui justifie de parler de structure, en sémantique linguistique, c'est justement que la phrase peut se définir par la classe de contextes que l'on projette quand on l'emploie. Replacée dans cette conception théorique, la loi d'enchaînement stipule que le « contexte idéal » appelé par un énoncé ne repose pas sur ses présupposés : ceux-ci fournissent seulement le cadre dans lequel doivent s'organiser les associations déclenchées par son contenu posé.

Supposons qu'on accepte, comme je viens de le suggérer, de substituer la « loi d'enchaînement » aux « critères sémantiques classiques » (en négligeant provisoirement ces derniers, dont je dirai tout à l'heure quelle place leur revient dans la conception d'ensemble esquissée ici). On est alors amené, du même coup, à dévaluer la seconde catégorie que j'avais distinguée parmi les « critères classiques ». Car bon nombre des présupposés intronisés grâce à la notion d'enchaînement, ne satisfont pas à cette exigence « pragmatique » selon laquelle le locuteur doit les supposer connus du destinataire. Personne en effet ne trouvera la moindre apparence de bizarrerie, la moindre violation d'une règle quelconque, dans le dialogue ci-dessous :

A : — Il paraît que Pierre a beaucoup grandi. Combien mesure-t-il ?

B : — Presque 1 m 80.

Selon ce qui a été dit tout à l'heure, la réplique de B présuppose que Pierre ne mesure pas 1 m 80, c'est-à-dire qu'il mesure moins (Si B ajoute un commentaire, il sera en effet du type « Pierre est grand », et non du type « Pierre est petit »). Or, dans le contexte choisi, B n'a strictement aucune raison de croire A déjà au courant de ce fait. On arriverait à la même conclusion à propos d'un titre de journal annonçant un accident d'aviation, et rédigé de la façon suivante :

— Un Boeing s'écrase. Tous les occupants sauf un ont péri.

Il est bien clair, dans la situation prise en exemple, que le lecteur du journal ne peut pas déjà savoir qu'un passager a été sauvé. La même idée pourrait d'ailleurs être mise en évidence pour bien des présupposés établis selon les critères sémantiques classiques. Il suffit d'imaginer, dans un journal à sensations, un titre du type de :

— Il cesse de fumer : trois jours plus tard on l'interne.

Comment sauver la règle générale suivant laquelle on ne peut dire *Il cesse de fumer* que si le destinataire est censé savoir que « il » fumait ? Il faudrait imaginer, dans le cas précédent, toute une rhétorique fort compliquée, dont on peut faire l'économie si on accepte la thèse ici défendue.

Ce qui reste de la conception pragmatique classique, c'est qu'il est inhabituel de présupposer un contenu et de prétendre en même temps l'annoncer. Mais cela me semble s'expliquer assez bien si on accepte de définir la présupposition par la résistance à l'enchaînement. Dire, en effet, qu'une énonciation est présentée comme annonce, ce n'est pas seulement (ni même nécessairement) dire que son contenu est nouveau, informatif, pour le destinataire, c'est dire qu'il est *donné, affiché* comme tel. Or cette prétention à informer implique que l'on attribue une certaine importance, ou, si on préfère, une certaine pertinence, à ce dont on informe le destinataire : on fait comme s'il devait en tirer quelques conclusions. Comment alors lui affecter la modalité présuppositionnelle, qui lui retirerait toute prétention à orienter le débat ultérieur ? Ce n'est donc pas, si ma thèse est exacte, le caractère nouveau de l'annoncé, mais sa pertinence argumentative, qui explique son affinité pour le statut de posé, et son incompatibilité avec le statut de présupposé. Pour confirmer cette idée, on notera aussi que des contenus dépourvus de toute nouveauté (et dont le destinataire est évidemment déjà au courant) peuvent néanmoins être posés : il y a bien des choses que l'on pose en se contentant de les faire remarquer, ou même de les rappeler, et sans revendiquer la moindre originalité. Rien n'empêche, par exemple, voyant Pierre fumer, de dire à un tiers, lui-même spectateur de l'évènement : « Il n'a pas la moindre énergie, ce Pierre, il continue à fumer ». Dans ce cas, on pose que Pierre, actuellement, fume ; et pourtant le destinataire le sait aussi bien que le locuteur. Si on a choisi d'en faire un posé, c'est que l'indication posée est celle qui, dans ce qui est dit, « tire à conséquence ».

Contrairement à ce qu'on prend trop souvent pour une évidence, l'observation directe n'impose donc pas de dire que la distinction du posé et du présupposé recouvre, dans le dialogue ordinaire, celle de ce qui est déjà su et de ce que l'on fait savoir, ou, en reprenant les termes de Strawson, de ce qui est présumé connu et de ce qui est présumé ignoré (J'ai certainement eu tort de ne pas marquer assez nettement, sur ce point, mon désaccord avec Strawson).

En insistant ainsi sur la loi d'enchaînement, tenue pour la propriété essentielle de la présupposition, on est amené à définir celle-ci comme un acte de langage, plus précisément même, comme un acte illocutoire particulier. Une telle caractérisation, qui constitue une des thèses principales de *Dire et ne pas Dire*, peut être considérée comme pragmatique, mais non pas au sens étroit donné à cet adjectif dans les pages précédentes, sens qui relevait des théories logiques néo-positivistes (Ch. Morris). Les critères « pragmatiques » que j'ai discutés amènent à intégrer la recherche des présupposés dans l'étude des conditions d'emploi des énoncés. Ce dont il va être question maintenant est assez différent : il s'agit de voir que ces présupposés d'un énoncé déterminent, en partie au moins, ce que l'on fait quand on l'emploie.

Pour faire comprendre cette idée d'un acte de présupposition, il faut d'abord dessiner la conception d'ensemble de l'acte linguistique dans laquelle elle s'intègre : dans un article encore inédit, j'ai appelé cette conception un « structuralisme du discours idéal ». J'entends par là qu'il est constitutif de la valeur sémantique d'une énonciation quelconque de prétendre introduire une modification juridique des rapports entre les interlocuteurs. Donner un ordre, par exemple, c'est prétendre que le destinataire est assujetti, du simple fait de la parole qui lui est adressée, à une obligation nouvelle. Quant à la promesse, elle consiste, d'une façon symétrique, à présenter ce qu'on dit comme source d'obligation pour soi-même. Mais les actes de parole peuvent aussi avoir pour domaine d'application la situation proprement linguistique des interlocuteurs, c'est-à-dire leur discours ultérieur : ils se présentent alors comme légiférant pour ce qui sera dit ensuite, cette allusion à leur propre continuation faisant partie intégrante de ce qu'ils sont. Ainsi il n'y a pas d'interrogation qui ne se donne, en tant que telle, comme attribuant au destinataire le devoir de répondre — fût-ce par un aveu d'ignorance (d'où il résulte, soit dit en passant, que les « questions d'examen », bien qu'elles ne soient pas des demandes d'informations ou de renseignements, s'accordent parfaitement avec la définition générale de la question : l'examinateur, en les posant, s'arroge le pouvoir de créer à l'élève des obligations qu'il n'avait pas auparavant). On voit pourquoi j'appelle structuraliste une telle conception : l'acte d'énonciation y est défini, du point de vue sémantique, par son rapport à ce qui n'est pas lui, plus précisément, par rapport au futur qu'il projette — sa continuation apparaissant comme constitutive de son être. Et d'autre part, ce structuralisme est relatif à un « discours idéal », dans la mesure où il n'est nul besoin de croire réelles les modifications juridiques dont il a été question : je ne suis ni désireux, ni contraint, de dire que l'on *doit* obéir aux ordres ou répondre aux questions. Mais on ne peut ordonner ou questionner sans supposer que l'on donne, par sa parole même, de tels devoirs aux personnes à qui on s'adresse.

De ce point de vue, la présupposition, caractérisée par sa résistance à l'enchaînement, devient un acte de parole analogue à tous les autres. Présupposer que Pierre fumait autrefois — ce qu'on fait généralement en employant l'énoncé *Pierre a cessé de fumer* — c'est interdire au dialogue ultérieur toute une catégorie de continuations qui seraient pourtant logiquement possibles. C'est donc, d'une façon positive, orienter l'argumentation dans une direction donnée, celle qui se relie au fait que Pierre, actuellement, ne fume pas. Et cela, tout en maintenant, sans la moindre restriction, qu'il était auparavant fumeur. La prétention constitutive de l'acte de présupposition est donc double. D'une part, il prétend se faire admettre comme véridique — ce qui lui est commun avec l'acte d'affirmation (car on ne peut rien affirmer sans impliquer que l'autre doit croire). D'autre part, il se distingue de l'affirmation, qui appelle à tirer les conséquences de ce qu'elle pose, en plaçant au contraire les indications présupposées « en dessous » de l'échange de paroles ultérieur — puisque ce n'est pas d'elles qu'il s'agit, puisqu'elles ne doivent pas être directement concernées par le dialogue. Elles n'alimentent pas le discours, mais elles le sous-tendent. On parle à partir d'elles, mais on ne parle pas d'elles.

(N.B. Je signale, mais ce n'est pas le lieu pour développer ce point, que la conception intentionnelle, « idéale », de l'acte de parole, explicitée ici, et seulement sous-jacente dans *Dire et ne pas Dire*, permet certaines simplifications dans la description des actes particuliers ; ainsi j'ai pu décrire l'ordre, la question, l'affirmation comme induisant, respectivement, l'obligation d'obéir, de répondre ou d'admettre — une fois stipulé qu'il s'agit seulement d'indiquer des prétentions constitutives et non pas des effets réels. J'étais contraint auparavant à des descriptions formellement plus complexes, en disant que l'ordre, par exemple, crée pour l'interlocuteur l'alternative de l'obéissance et de la désobéissance. Tout ceci afin de ne pas avoir à introduire une obligation — qu'elle soit morale ou sociale — de répondre aux questions, d'obéir aux commandements ou de croire aux affirmations).

Supposons donc admise cette conception de la présupposition comme acte illocutoire, et la conception, développée en même temps, de l'acte illocutoire comme prétention de la parole à attribuer aux personnages du dialogue, par son existence même, des droits et des devoirs nouveaux. Je voudrais maintenant en tirer certaines conséquences qui apparaissaient mal dans *Dire et ne pas Dire*, et permettent peut-être de répondre aux principales critiques de Paul Henry. Il faut d'abord signaler ce premier corollaire, que la présupposition ne peut plus être définie comme une relation entre phrases, ce qui la distingue radicalement de notions comme celle de paraphrase ou d'implication. Indiquer le présupposé de (1) *Pierre a cessé de fumer*, c'est dire qu'en énonçant (1), on prend une attitude particulière, caractérisée plus haut, vis-à-vis du contenu « Pierre fumait autrefois ». Certes, dans la mesure où ce contenu peut lui-même être exprimé au moyen d'une phrase française, et qu'il est d'autre part présupposé par bien des phrases différentes de (1) (par exemple par *Pierre continue à fumer*), il est clair que la considération des présupposés permet de définir, par contrecoup, des relations entre phrases, notamment celle qui existe entre deux phrases dont l'une pose ce que l'autre présuppose, ou encore entre les phrases ayant les mêmes présupposés. Mais ces relations sont simplement *induites* à partir du phénomène de la présupposition, et ne le constituent pas. Avant toutes choses, la présupposition est une opération accomplie par un locuteur vis-à-vis de cette entité sémantique abstraite que j'appelle un contenu, opération qui a une nature analogue, bien qu'elle en soit différente par ses modalités, à celle en quoi consiste l'interrogation. On peut présupposer que Pierre fumait (en utilisant par exemple la phrase (1)), mais on peut aussi faire de ce même contenu l'objet d'une question (en demandant *Est-ce que Pierre fumait ?*). C'est la raison pour laquelle je refuse de considérer la présupposition comme une notion logique (bien que, dans la mesure où elle fonde certaines relations entre phrases, elle puisse donner lieu à une logique). Quand il m'est arrivé de la présenter comme élément d'une « logique du discours » — ce que Paul Henry me reproche —, c'est en une acception très particulière de ce terme, acception que j'ai essayé d'expliciter plus haut avec le concept de « structuralisme du discours idéal ». Je voulais signaler cette propriété, caractéristique à mon avis de toute parole, d'être définissable seulement par rapport à une suite dont elle se veut l'amorce, de sorte que son sens est le sens même dans lequel elle prétend orienter la situation de discours. Cela ne revient pas — plus exactement, tout mon travail vise à faire admettre que cela ne revient pas — à la constatation banale que l'on parle généralement avec l'intention d'influencer l'auditeur. Mon idée est qu'il y a certains aspects de cette influence qui se confondent avec le sens même de la parole : dire, c'est alors prétendre faire. (Voilà ce que je voulais dire en faveur de la proposition 3 annoncée page 181).

La définition de la présupposition comme acte illocutoire entraîne une seconde conséquence, que je vais commenter plus longuement, car elle se relie de très près aux critiques de Paul Henry, telles que je les ai comprises et présentées au début de cet exposé. Il semble peu contestable qu'un grand nombre d'actes illocutoires accomplis dans la parole ne sont pas marqués dans les mots mêmes que nous utilisons. C'est vrai, d'une part, pour les actes « spéciaux », liés à l'exercice d'une activité particulière. Considérons des énoncés comme *La séance est ouverte*, *Monsieur X est suspendu de ses fonctions*, *Tu es Pierre*. Tous les critères habituels amènent à penser que, dans certains de leurs emplois, ils servent à accomplir des actes typiquement illocutoires, ceux de baptiser, de renvoyer un subordonné, d'ouvrir une séance. Or on voit mal comment inscrire ces éventualités dans une description des phrases elles-mêmes, qui n'ont, en ce qui concerne leur structure syntaxique ou sémantique, aucune propriété repérable liée à ces fonctions. La valeur illocutoire semble, ici, surgir dans l'énonciation sans être marquée dans l'énoncé. D'autre part, en laissant même de côté ces cas où se manifeste un fonctionnement social bien déterminé, il est d'observation banale que des phrases marquées pour un certain type d'acte servent très fréquemment à en accomplir un autre. Ainsi la phrase *Pouvez-vous ouvrir la fenêtre ?* a tous les caractères d'une question. Ce qui n'empêche pas qu'elle fonctionne le plus souvent comme une demande, analogue à *Ouvrez la fenêtre s'il-vous-plaît* : l'obligation dont elle prétend charger le destinataire ne constitue pas seulement — peut-être même pas du tout — une obligation de répondre, mais une obligation d'agir. D'où l'on est amené à conclure qu'un acte illocutoire peut être différent de celui pour lequel l'énoncé est marqué.

Mais ceci n'est pas sans conséquence pour la présupposition, si elle constitue un type d'acte comparable à la question ou à la demande. Car il faut alors, ou bien lui donner une place tout à fait à part (ce qui jetterait quelque doute sur sa caractérisation comme acte illocutoire), ou admettre qu'elle peut, elle aussi, ne pas être marquée dans l'énoncé, et apparaître seulement par une sorte de dérivation au moment de l'énonciation. Bien plus, il faut admettre qu'une présupposition marquée à l'intérieur d'une phrase peut disparaître dans certains emplois, ou être remplacée par autre chose. Ce qui contredit, sans échappatoire possible, la thèse, explicitement soutenue dans *Dire et ne pas Dire*, et rappelée dans les premières pages de cet exposé, selon laquelle la présupposition *se définit* par son inhérence à l'énoncé, par sa participation à ce que j'ai appelé soit signification soit sens littéral. Tombe, du même coup, la distinction du présupposé et du sous-entendu, ou elle doit être complètement reformulée.

Quelques exemples, d'abord, donnant des raisons empiriques de croire les présupposés sujets à un processus de dérivation. Car si j'admets cette possibilité, ce n'est pas seulement *a priori*, et afin de sauver à tout prix le caractère illocutoire de la présupposition. Le phénomène peut s'observer dans deux directions symétriques. D'une part, il arrive que, dans une énonciation donnée, certaines indications fonctionnent comme des présupposés (en ce qui concerne l'enchaînement), alors qu'il n'y a aucun argument pour les introduire en tant que tels dans l'énoncé utilisé. Le reconnaître, cela permet d'ailleurs d'échapper à diverses conséquences, tout à fait contre-intuitives, qui étaient rendues nécessaires par la théorie de la présupposition présentée sous sa première forme. Considérons une phrase comme :

(4) J'ai visité Moscou avec Pierre.

Dans beaucoup de ses utilisations, elle comportera l'un des deux présupposés :
(4') J'ai visité Moscou.
(4") J'ai été en compagnie de Pierre.

Dans le premier cas, le locuteur prétend orienter le dialogue sur le fait que sa visite de Moscou (qui, en elle-même, n'est pas l'objet du message) a été faite en compagnie de Pierre. Le type de continuation envisagé concerne alors Pierre, son comportement à Moscou, la chance qu'il a eue... Mais il est possible aussi de prendre (4") pour présupposé, ce qui revient à placer hors du discours le fait qu'on a voyagé avec Pierre, et à offrir comme seul thème l'indication que, dans ce voyage, on est allé à Moscou (c'est-à-dire à appeler les questions qui seraient exclues dans la première interprétation). Or ces fonctionnements présuppositionnels de l'énonciation ne peuvent pas s'appuyer sur une description de l'énoncé. Car il n'y a aucune raison d'associer à l'énoncé les présupposés (4') et (4") — vu que les transformations utilisées « classiquement » comme critères, négation et interrogation, peuvent très bien nier ou mettre en question l'une comme l'autre de ces deux indications. Il serait bien sûr possible de trouver dans l'arsenal linguistique des moyens pour se tirer d'affaire, en déclarant, par exemple, que (4) est « présuppositionnellement ambigu ». Mais tout ceci devient inutile si on admet que l'énonciation peut créer des présuppositions — notamment lorsque l'énoncé lui-même est marqué pour poser plusieurs indications différentes.

note sur la présupposition et le sens littéral 193

Avant de réfléchir de façon plus théorique sur cette première série d'exemples, je donne quelques échantillons du phénomène symétrique, la disparition énonciative de présupposés marqués dans l'énoncé. Il est habituel de dire que les énoncés (5) et (6) ci-dessous présupposent respectivement (5') et (6') :

(5) Pierre sait que Marie va venir.
(6) Nous regrettons de ne pas pouvoir vous recevoir.
(5') Marie va venir.
(6') Nous ne pouvons pas vous recevoir.

Or il est très concevable, dans certaines situations, que (5') et (6') fonctionnent comme des posés ; c'est-à-dire qu'on peut *donner* (5) et (6) comme destinés à orienter le dialogue à partir de (5') et (6'). Cf. :

— Ne t'inquiète pas. Pierre sait que Marie va venir, tu pourras donc la voir bientôt.
— Nous regrettons de ne pas pouvoir vous recevoir ; c'est que nous avons vraiment beaucoup de travail actuellement. Ne nous en veuillez pas.

Et même les fameux présupposés d'existence (l'existence du roi de France dans *Le roi de France est sage*) peuvent être présentés, moyennant une rhétorique appropriée, comme l'objet de la communication. Pour rendre plus convaincants les développements qui précèdent, il faudrait développer une rhétorique de la présupposition (à peu près inexistante à l'heure actuelle), où on montrerait notamment comment les présupposés sont soit produits, soit annulés. Mais ce n'est pas ici le lieu pour la développer. (J'ai ébauché ce thème dans un article, déjà ancien, repris au chapitre 12 de *La Preuve et le Dire*, Paris, Mame, 1973).

Il existe cependant un problème théorique, préalable à ces recherches, et dont on peut voir dès maintenant dans quel sens j'aimerais le traiter. Il s'agit de savoir pourquoi, si les présupposés ne sont pas liés essentiellement à l'énoncé, on peut dire malgré tout, comme il vient largement d'être fait, que tel énoncé est marqué ou non pour tel présupposé. Pour répondre à cette question, il faut noter d'abord une différence existant, parmi les critères de la présupposition, entre ceux que j'ai appelés « sémantiques » et le critère pragmatique de l'enchaînement dont je me suis servi dans ce qui précède. C'est que les premiers concernent l'énoncé lui-même : celui de la négation, par exemple, stipule que si E et la négation de E contiennent à la fois l'indication X, alors ils présupposent l'un et l'autre X. Mais cette formulation implique immédiatement que E soit une phrase (en anglais « sentence-type »), et non pas une occurrence particulière de phrase (« sentence-token »). Car on voit mal ce que pourrait signifier l'expression « l'occurrence O' est la transformée négative de l'occurrence O ». Tout ce qu'on peut dire, c'est que O' utilise un certain énoncé E', que O utilise un autre énoncé E, et que E' est la transformée négative de E. La même remarque vaut bien entendu pour le second critère « sémantique », l'interrogation, qui, lui non plus, ne peut pas concerner les réalisations individuelles des énoncés. Mais il en est autrement pour la loi d'enchaînement. Elle garde tout son sens, appliquée à des occurrences. Je peux dire que telle occurrence particulière prétend interdire un type d'enchaînement donné, et, par exemple, présente comme hors de propos d'enchaîner sur le contenu c, bien que le locuteur donne pour vrai ce contenu c. Ce qui est exactement ce que j'entends en disant que l'occurrence en question présuppose c.

A partir de cette remarque, on voit pourquoi j'ai pu être amené à parler de présupposition à la fois à propos de l'énoncé et à propos de l'énonciation : s'il s'agit de l'accomplissement effectif d'un acte de présupposition, on ne peut, bien sûr, l'affirmer qu'à propos d'énonciations. Et pour tester si cet accomplissement a ou n'a pas eu lieu, c'est la loi d'enchaînement qui doit servir. Mais, s'il s'agit de savoir si un énoncé donné est marqué pour cet acte, on aura recours à des arguments d'une autre nature. Qu'on se rappelle, en effet, que la signification de l'énoncé est pour moi un objet théorique : ce qui justifie de la postuler, c'est sa valeur explicative, le fait qu'elle rende possible une certaine régularité, une certaine systématicité, dans la prévision du sens des énonciations. Appliquée au problème particulier de la présupposition, cette exigence de systématicité fonde deux types d'argumentation. L'une prend en considération les actes de présupposition constituant le sens des énonciations. Supposons que toutes les occurrences d'un énoncé E servent à accomplir un acte de présupposition vis-à-vis d'un contenu c (plus exactement, vis-à-vis d'une infinité de contenus différents, c', c''... etc., que l'on peut dériver, compte tenu des situations de discours, d'un même schéma c — où c', c''... sont des éléments de sens, et c, un élément de signification). On dira alors que E est marqué pour présupposer c. En réalité, la situation est d'ailleurs toujours bien plus complexe. Car il y a certainement bon nombre d'occurrences de E qui ne servent pas à accomplir l'acte de présupposition en question. Ce qu'on doit exiger, alors, c'est qu'il existe des règles, justifiables indépendamment de ce cas particulier (je les appelle « lois de discours »), expliquant pourquoi on n'a pas la présupposition pour laquelle l'énoncé est marqué — en supposant, par exemple, que cette absence est due à des effets d'ironie, de litote... etc. Or il se trouve, et on peut considérer cela comme un résultat empirique, que si le type d'argumentation précédent amène à marquer E pour la présupposition de c, il conduit d'habitude aussi à marquer, pour cette même présupposition, E' et E'', transformés négatif et interrogatif de E. On remarque d'autre part que, pour prévoir la signification de l'énoncé complexe G, obtenu en subordonnant deux énoncés simples E et F, il y a souvent intérêt à posséder d'abord une analyse présuppositionnelle de la signification de E et de F, les présuppositions de G s'obtenant, selon des mécanismes de calcul relativement réguliers, à partir de celles de E et de F. (Telle est la raison pour laquelle ma formulation de la règle d'enchaînement concerne seulement la coordination, relation entre énonciations, et non pas la subordination, mécanisme produisant des énoncés). D'où un deuxième type d'argumentation, qui se tient au niveau de la signification, et se fonde sur les lois « sémantiques » de négation, d'interrogation, de subordination.

Ce qui justifie, à ce qu'il me semble, d'introduire des marqueurs de présupposition dans la signification des énoncés, c'est justement la convergence de toutes ces considérations. Cette convergence montre qu'il ne s'agit pas d'un simple « truc », d'une astuce de présentation permettant tout au plus de résumer, d'une façon commode et économique, une multitude d'observations empiriques — le passage au niveau de l'énoncé servant simplement à condenser en une formule unique les multiples constatations faites au niveau de l'énonciation. Car les marques présuppositionnelles introduites dans la description d'un énoncé constituent une sorte de nœud où se rejoignent — et cela d'une façon qui n'était nullement prévisible au départ — deux types de calculs. D'une part, elles contribuent à expliquer ce qui se passe lorsque l'énoncé est employé. D'autre part, elles sont elles-mêmes déductibles — dans la mesure où les lois « sémantiques » (en y incluant les règles de subordination) permettent de calculer les présupposés des énoncés complexes à partir de ceux des énoncés simples. Il est certes possible qu'on arrive à introduire dans ce type de phénomènes autant d'ordre et de régularité, tout en renonçant à la double hypothèse qu'il y a une signification attachée à l'énoncé, et que des marqueurs présuppositionnels font partie intégrante de cette signification. Mais, tant que cela n'aura pas été fait, je vois mal comment éviter cette hypothèse (et comment, de ce fait, rejeter les propositions 1 et 4 des pages 180-181, ainsi que leur corollaire 5).

Pour arriver à poser, à partir de ce qui précède, le problème du sens littéral (cf. proposition 2), il faut d'abord essayer de situer la notion de sous-entendu. Il est clair que je ne puis plus maintenir l'opposition présupposé/sous-entendu telle qu'elle est présentée dans *Dire et ne pas Dire* et dans divers articles antérieurs (et les critiques de Paul Henry m'ont grandement aidé à en prendre conscience). Car cette opposition m'amenait à *définir* la présupposition par son lien à l'énoncé, alors que je viens de la caractériser au seul niveau de l'énonciation — tout en soutenant qu'elle peut être, comme la plupart des actes de parole (affirmation, ordre, interrogation, justification, lamentation...), marquée dans l'énoncé, et qu'elle constitue de ce fait, non seulement un usage, mais une fonction de la langue. Reste le problème de savoir comment on passe de la marque présuppositionnelle à l'acte de présupposition, et, plus généralement, de la signification au sens — ce qui est la tâche de ce que j'appelle le « composant rhétorique ». Cette tâche consiste, par exemple, à spécifier, compte tenu de la situation de discours, ce qu'on pourrait appeler les « variables référentielles » de l'énoncé : il faut dire à quelles réalités renvoient d'une part les « shifters » (*je, tu, il, ici, maintenant,...*), d'autre part les éléments lexicaux — qui sont toujours susceptibles d'une multitude d'interprétations « figuratives ». Doivent être spécifiées aussi ce que j'ai appelé les « variables intentionnelles » ou « argumentatives » (par exemple, en disant *Même Pierre est venu*, je présente la venue de Pierre comme un argument fort pour une certaine conclusion *r* : le composant rhétorique doit prévoir, une situation de discours étant donnée, quel est ce *r*). Et il faut encore déterminer la nature des actes de parole accomplis par le locuteur (il peut s'agir d'actes bien différents de ceux marqués dans la signification de l'énoncé). J'appelle « sous-entendus » tous les éléments de sens (à quelque catégorie qu'ils appartiennent) dont j'explique l'apparition en supposant, chez celui qui interprète l'énonciation, un raisonnement du type : « si le locuteur a dit *ceci*, c'est qu'il voulait dire *cela* » (où *ceci* et *cela* désignent, l'un comme l'autre, des sens complets, c'est-à-dire des interprétations possibles de l'*énonciation*). Un aspect sémantique S sera donc dit « sous-entendu » si :

— S appartient à une interprétation B engendrée comme substitut d'une première interprétation A.

— S appartient à B et non pas à A.

Cette définition générale étant posée, il ressort de tous les développements précédents que n'importe quel type d'acte de parole peut être engendré comme sous-entendu, y compris la présupposition. Autrement dit, il me semble impossible (maintenant) de mettre en opposition les concepts de sous-entendu et de présupposé, car ils répondent à des questions différentes. En parlant de présupposition, on caractérise un acte de langage (accompli dans l'énonciation, et, éventuellement, marqué dans l'énoncé). En parlant de sous-entendu, on caractérise un processus interprétatif, c'est-à-dire le processus au terme duquel une énonciation a pu recevoir une certaine interprétation.

Une fois donnée cette définition du sous-entendu, il est possible de reprendre le problème du sens littéral (en entendant par là la « signification » attachée à l'énoncé), qui a été sans doute, pour Paul Henry, la principale pierre d'achoppement rencontrée dans la lecture de *Dire et ne pas Dire*. On admettra sans mal — ce qui précède est en tout cas destiné à faire admettre — que ce « sens littéral » (de la phrase) est non seulement distinct, mais radicalement différent de ce que j'ai appelé « sens » (de l'énonciation). Tel qu'il vient d'être caractérisé, le sens littéral n'est pas un moyen posible de communication : les règles du français font que l'on ne peut rien se dire en français si on décide de s'en tenir au sens littéral des phrases dites. C'est déjà évident si on se rappelle que la situation, qui n'intervient pas dans l'établissement du sens littéral, est nécessaire pour établir la référence de la plupart des expressions. Qu'on songe aussi aux variables « argumentatives », dont j'ai donné plus haut un exemple. La description de l'*énoncé* « Même Pierre est venu » doit indiquer qu'il existe une conclusion *r* pour laquelle cette venue constitue un argument très fort. Mais une *énonciation* de cette phrase ne signifie jamais qu'une telle conclusion, indéterminée, existe : elle renvoie au contraire à un *r* particulier, parfaitement déterminé — et il serait tout à fait bizarre d'employer la phrase si le destinataire n'est pas capable de retrouver ce *r*.

En ce qui concerne la détermination des actes de parole accomplis (ce qui est la troisième tâche assignée tout à l'heure au « composant rhétorique »), la situation est apparemment moins claire. Il est en effet facile de confondre la marque d'acte et l'acte lui-même (dont l'accomplissement est constitutif du sens des énonciations) — puisqu'il arrive assez souvent que l'acte accompli soit effectivement du même type que celui pour lequel l'énoncé est marqué. Il semble donc possible d'imaginer, de ce point de vue, qu'une communication s'en tienne au sens littéral. Mais il faut voir qu'une telle communication, si on veut qu'elle respecte les règles habituelles du français, devrait alors consister en une succession de phrases indépendantes. Elle ne connaîtrait ni discours ni dialogue, c'est-à-dire aucune suite d'énoncés coordonnés. Car les règles de la coordination (qui font partie des règles du français, et sont liées à l'interprétation des conjonctions) exigent qu'on puisse coordonner par rapport aux actes de parole dérivés (sous-entendus, au sens défini plus haut), sans s'en tenir aux seuls actes inscrits dans l'énoncé. Comment comprendre autrement la suite :

— Pouvez-vous ouvrir la fenêtre ? — si cela ne vous gêne pas.

Il est bien clair que la conditionnelle (qui est ici, dans ma terminologie, une coordonnée) ne concerne généralement pas l'« acte littéral », à savoir la question, mais plutôt l'« acte dérivé », c'est-à-dire la demande. Un second exemple, en rapport avec le problème de la présupposition. J'ai tout à l'heure signalé l'énoncé :

— Nous regrettons de ne pas pouvoir vous recevoir.

Selon moi, il faut, d'une part, le marquer comme présupposant le contenu « Nous ne pouvons pas vous recevoir » (décision qui se fonde sur une analyse générale du verbe *regretter*), et reconnaître d'autre part qu'il sert souvent à annoncer ce contenu. Et, à l'appui du second point, j'ai imaginé un enchaînement coordinatif qui prenait justement en considération ce contenu (« C'est que nous avons beaucoup de travail »). Bien sûr, je ne peux pas prouver, en m'appuyant sur ce seul exemple, que je l'ai correctement traité (car l'enchaînement en question pourrait servir aussi bien à montrer que la phrase n'est pas marquée pour le présupposé dont j'ai fait l'hypothèse) : son analyse n'est justifiable qu'en rapport avec d'autres, et dans la mesure où elle est imposée par la cohérence d'ensemble de la théorie. Mais ce qui m'importe ici, c'est seulement de faire voir que, *dans le cadre de cette théorie*, il est exclu que les discours puissent être lus au niveau du sens littéral : l'enchaînement des phrases, fait éminemment linguistique, ne peut se comprendre qu'après leur interprétation situationnelle : s'il y a des « significations » pour les énoncés, il n'y en a pas pour les textes ou les dialogues.

La discussion qui précède devrait suffire — au moins je l'espère — à rendre crédible la seconde des propositions avancées p. 180 : ce que j'appelle « signification », ou encore « sens littéral » (dans la mesure où il s'agit d'une caractérisation prévisible à partir de la lettre de l'énoncé, et avant toute mise en situation) ne saurait être confondu avec l'« objet réel ». Il s'agit bien d'un « objet de connaissance », ou objet théorique, qui ne peut être lui-même la matière d'une communication quelconque. Si je le postule, c'est seulement parce qu'il m'aide à comprendre la possibilité de communications effectives (je n'ai d'ailleurs pas encore entendu dire qu'on soit arrivé au même résultat sans recourir, d'une façon ou d'une autre, à une caractérisation sémantique des énoncés, c'est-à-dire à une sémantique linguistique). En termes saussuriens, le sens littéral relève de la langue, en donnant à ce mot sa valeur la plus exigeante, c'est-à-dire en établissant entre elle et la parole une différence de nature, sans donc se la représenter comme une sorte d'extrait ou d'idéal de la parole. Et ce qui m'intéresse, c'est d'être obligé de prévoir à l'intérieur de la langue un acte comme celui de présupposer, qui se réfère au débat intersubjectif. Ainsi se trouve renforcée la conception générale de la langue qui, je l'ai dit au début, me semble avoir dirigé la plupart de mes travaux, et qui la présente comme étant, avant tout, un instrument pour l'affrontement des individus. Les remaniements auxquels je soumets actuellement les thèses de *Dire et ne pas Dire*, ceux, par exemple, que j'ai signalés ici, en rapport avec les critiques de Paul Henry, sont toujours, dans mon esprit, destinés à donner plus de force à cette image fondamentale.

Est-il possible de tirer de ces remarques une réponse au problème du sujet, préoccupation centrale de Paul Henry ? Certainement pas une réponse d'ensemble, mais quelques indications partielles, et schématiques, illustrant la proposition 6 formulée tout à l'heure. Appeler le locuteur un sujet, cela peut vouloir dire d'abord qu'on le croit origine, producteur, du sens de ses paroles. Mais j'envisage ici seulement, comme le fait souvent Paul Henry, une définition plus faible (qui doit en tout cas être satisfaite pour que la première le soit) : déclarer X sujet de son énonciation, c'est supposer qu'il connaît le sens de cette énonciation au moment où il l'accomplit. Ma première remarque sera pour montrer que la question du sujet (dans l'acception précédente) ne saurait être ramenée à celle du sens littéral. Supposons qu'on attribue, comme l'exige par définition la sémantique linguistique, une signification aux énoncés. Supposons même que le locuteur, dans la mesure où il connaît sa langue, connaisse cette signification. Il n'en résulte nullement qu'il connaît le sens de son énonciation — qui est tout autre chose, j'ai essayé de le montrer, que la signification de son énoncé (la signification n'est même pas une approximation ou une simplification du sens). Il me semble donc possible de disjoindre l'hypothèse d'un sens littéral et la croyance au sujet. A condition d'admettre que le sens littéral est une pure entité théorique — ce qui a toujours été mon point de vue, mais qui est incompatible avec certaines thèses de *Dire et ne pas Dire*, justement critiquées par Paul Henry, et que j'ai essayé de rectifier ici.

Cette séparation étant établie, il reste à montrer en quel sens on peut, dans la perspective qui vient d'être esquissée, parler d'un locuteur-sujet. Je me contenterai de quelques suggestions à propos de cette question — qui n'est pas, à proprement parler, la mienne. On se rappelle que je parle de sous-entendu chaque fois que l'interprétant obtient une interprétation B par un raisonnement du type : « si le locuteur a dit A (où A est déjà un sens, c'est-à-dire une lecture de l'énoncé à travers la situation), c'est qu'il voulait dire B. Il y a donc sous-entendu dès qu'il y a une interprétation seconde. Mais, observera-t-on, comment la situation de discours peut-elle, d'une part, autoriser la lecture A, et, d'autre part amener à lui substituer B ? Comment, par exemple, peut-elle conduire à comprendre l'énonciation « Pouvez-vous ouvrir la fenêtre ? », d'abord comme une question, et ensuite, à partir de cette interprétation interrogative, comme une demande ? La réponse — qui devrait être monnayée en analyses de détail — s'appuierait sur l'idée que la situation n'a, en elle-même, ni structure ni limites : selon le point de vue d'après lequel on la regarde, selon les bornes qu'on lui assigne, elle prend des aspects tout à fait différents, et introduit des éléments différents dans l'interprétation. Il n'est donc nullement invraisemblable que, pour comprendre une énonciation, on mette en œuvre successivement deux images de la situation : l'une qui donne le premier sens (A), l'autre qui donne le sous-entendu (B). Sans exclure (les exemples se trouveraient facilement) qu'on construise, à partir de B, une troisième interprétation C, obtenue à partir d'une nouvelle représentation de la situation. Il résulte de tout ceci qu'il n'y a pas, étant donné une situation, un sens « absolument premier », et un sens « absolument second ». Ils ne sont premier et second qu'à l'intérieur d'un processus interprétatif donné (ce qui est premier dans tous les cas, c'est la signification, mais elle n'est pas une interprétation : elle consiste seulement en un ensemble d'instructions pour une interprétation éventuelle). Ainsi s'expliquerait la grande variabilité de ce qu'on appelle habituellement

« sens littéral » — lorsqu'on entend par là, non pas, comme je l'ai fait jusqu'ici, la signification de l'énoncé, mais un « sens premier » de l'énonciation, à partir duquel se définissent les figures et les sous-entendus : cf. l'ambiguïté des exégèses « intégristes » de l'Ecriture, qui condamnent certaines interprétations comme « métaphoriques », mais ne se privent pas, par ailleurs, de lectures que d'autres jugeraient fort figuratives. Certes le mécanisme d'interprétation par sous-entendu paraît une constante, qui relève de la langue et ne dépend pas des individus ; mais, vu l'indétermination de la situation, chaque interprétant a une grande liberté pour appliquer ce mécanisme à sa façon, et produire ses propres sous-entendus.

Ce qui précède me semble autoriser une réponse positive — mais d'une portée restreinte — au problème du sujet. Etant donné une énonciation, il est toujours possible d'extraire de la situation de discours (telle qu'on la voit ou qu'on se l'imagine) divers éléments permettant une interprétation. Ceci reste vrai s'il s'agit d'énonciations éventuelles, dont on envisage seulement la possibilité. On peut, à partir d'une certaine image de la situation, prévoir pour chacune d'elles une certaine lecture, et effectuer celle à laquelle on a attribué la lecture correspondant à ce que l'on souhaite. Dans cette mesure, je ne vois pas pourquoi le locuteur ne pourrait pas se représenter un sens de ses paroles. De sorte que les phrases « X a voulu dire ceci », « X n'a pas voulu dire cela », ne me semblent pas, *en elles-mêmes*, absurdes (bien qu'il reste à expliquer comment on a pu découvrir *le* sens envisagé par X).

A partir de ce point, deux types de recherches sont concevables en analyse du discours. On peut croire intéressant d'expliquer, pour une énonciation donnée, l'éventail de ses sens possibles, en spécifiant, pour chacun, quelles représentations situationnelles et quels processus interprétatifs permettent de l'engendrer. Aux psychologues, historiens et sociologues de chercher, ensuite, lequel de ses sens a été visé par le locuteur, lequel a été compris par tel destinataire ou tel auditeur. Sans exclure que le locuteur souhaite que plusieurs interprétations soient possibles, dont chacune peut, de ce fait, être désavouée. Peut-être même hésite-t-il, personnellement, entre diverses lectures de ce qu'il a dit ou va dire. De toute façon la tâche du linguiste est seulement d'expliquer la possibilité de toutes ces lectures (possibilité qui constitue l'« objet réel » du linguiste, le point de départ de la recherche).

Mais il y a une deuxième conception de l'analyse du discours, parfaitement illustrée par le travail de Paul Henry. On peut en effet se désintéresser de ces représentations du sens pour X ou pour Y, représentations qui se fondent sur des images de la situation qui sont nécessairement tronquées. On essayera de déterminer, selon des méthodes qui ne relèvent plus du tout de la recherche linguistique traditionnelle, un sens véritable, engendré par la situation réelle, « matérielle », du locuteur — sens qu'il connaît aussi peu qu'il connaît cette situation. On tiendra donc pour une illusion l'éventualité que le locuteur soit sujet. On pourra de plus chercher à montrer — comme le fait Paul Henry, et c'est ce qui rend passionnant son travail — que cette illusion est inévitable. Ce serait une nécessité consubstantielle à la langue, dans la mesure où elle se représente elle-même comme un outil de communication, permettant à des sujets, conscients de leur pensée, de la faire connaître. Et Paul Henry fait voir qu'il s'agit, ou plutôt, qu'il s'agirait, d'un mauvais outil.

Le choix entre ces deux directions de travail ne peut certainement pas, à l'heure actuelle, être objectivement justifié. Il ne le sera que par ce qu'elles auront apporté, et quand elles l'auront apporté. On devra se demander alors quel est le pouvoir explicatif de la première conception. Le linguiste aide-t-il l'historien et le sociologue en leur signalant, à propos d'une énonciation, qu'elle est susceptible de telle ou telle lecture, engendrée de telle ou telle façon, selon l'image de la situation qu'on fait intervenir ? Et, d'autre part, la deuxième conception peut-elle être mise en pratique selon des critères explicites ? Y a-t-il un accès contrôlable au sens « réel » des paroles, accès qui ne consisterait pas à se demander ce que le locuteur *a pu* vouloir dire, ou ce que les auditeurs *ont pu* croire comprendre ?

BIBLIOGRAPHIE

ALTHUSSER, Louis : « Idéologies et appareils idéologiques d'Etat », *La Pensée*, 136, 1970, pp. 3-38.

ALTHUSSER, Louis : *Réponse à John Lewis*, Paris, Maspéro, 1973.

ALTHUSSER, Louis : « Remarques sur une catégorie : procès sans Sujet ni Fin(s). In *Réponse à John Lewis*, op. cit.

AUSTIN J.L. : *How to do things with words*. Oxford, Oxford University Press, 1962.

BALIBAR, Renée et LAPORTE, Dominique : *Le Français National*, Paris, Hachette, 1974.

CHOMSKY, Noam : *Aspects of the theory of syntax*, Cambridge, The M.I.T. Press, 1965.

CHOMSKY, Noam : *Le langage et la pensée*, Paris, Payot, 1968.

CHOMSKY, Noam : « Réponses au questionnaire de la R.T.B. ». In *Hypothèses*, Paris, Seghers et Laffont, 1972.

CHOMSKY, Noam : « La forme et le sens dans le langage naturel ». In *Hypothèses*, Paris, Seghers et Laffont, 1972.

CHOMSKY, Noam : *Questions de sémantique*, Paris, Le Seuil, 1975.

CHOMSKY, Noam et MILLER G.A. : *L'analyse formelle des langues naturelles*, Paris, Gauthier-Villars, 1968.

CULIOLI, Antoine : « La formalisation en linguistique ». In *Cahiers pour l'Analyse*, 1968, 9, pp. 106-117.

DUCROT, Oswald : « Logique et linguistique ». In *Langages*, 1966, 2, pp. 3-30.

DUCROT, Oswald : « Le structuralisme en linguistique ». In O. DUCROT, T. TODOROV, D. SPERBER, M. SAFOUAN, F. WALD : *Qu'est-ce que le structuralisme*, Paris, Le Seuil, 1968, pp. 13-96.

DUCROT, Oswald : « Présupposés et sous entendus ». In *Langue Française*, 1969, 4, pp. 30-43.

Ducrot, Oswald : « De Saussure à la philosophie du langage ». Préface à J.R. Searle : *Les actes de langage*, Paris, Hermann, 1972, pp. 7-34 (Traduction de Searle - 1969).

Ducrot, Oswald : *Dire ou ne pas dire*, Paris, Hermann, 1972.

Edelman, Bernard : *Le droit saisi par la photographie*, Paris, Maspero, 1973.

Faye, Jean-Pierre : *Théorie du récit*, Paris, Hermann, 1972.

Faye, Jean-Pierre : *Langages totalitaires*, Paris, Hermann, 1972.

Foucault, Michel : *L'Archéologie du Savoir*, Paris, Gallimard, 1969.

Frege, Gottlob : « Uber Sinn und Bedeutung ». *Zeitschrift für Philosophie und philosophische Kritik*, 100, 1892, pp. 25-50. Traduction française de Claude Imbert : G. Frege, *Ecrits logiques et philosophiques*, Paris, Le Seuil, 1971, pp. 102-126.

Freud, Sigmund : *L'interprétation des rêves*. Trad. I Meyerson, Paris P.U.F., 1971.

Freud, Sigmund : *Métapsychologie*, Paris, N.R.F., Gallimard, 1974.

Freud, Sigmund : « Au-delà du principe de plaisir ». In *Essais de Psychanalyse*, Paris, Payot, 1967.

Groethuysen, Bernard : *Origines de l'esprit bourgeois en France*, Paris, Gallimard, 1927.

Haroche, Claudine, Henry, Paul, Pêcheux, Michel, : « La sémantique et la coupure saussurienne », In *Langages*, 1971, 24, pp. 93-106.

Henry, Paul : « Constructions relatives et articulations discursives ». In *Langages*, 1975, 37, pp. 81-98.

Hutchins, W.J. : *The generation of syntactic structures from a semantic base*, Amsterdam, London, North-Holland, 1971.

Jakobson, Roman : *Essais de linguistique générale*, trad. N. Ruwet, Paris, Editions de Minuit, 1964.

Karsz, Saül : *Théorie et politique : Louis Althusser*, Paris, Hachette, 1974.

Kuroda, S.-Y. : « English relativization and some related problems ». In *Language*, 1968, 44, pp. 244-266.

Kuroda, S.-Y. : « Remarques sur la présupposition et les contraintes de sélection » In *Langages*, 1969, 14, pp. 52-80.

Lacan, Jacques : *Ecrits*, Paris, Le Seuil, 1966.

Lacan, Jacques : *Le Séminaire*, XI, « Les quatre concepts fondamentaux de la Psychanalyse », Paris, Le Seuil, 1973.

Lacan, Jacques : *Le Séminaire*, I, « Les écrits techniques de Freud », Paris, Le Seuil, 1975.

Lacan, Jacques : *Le Séminaire*, XX, « Encore », Paris, Le Seuil, 1975.

Lakoff, George : « Presupposition and relative well-formedness ». In D.D. Steinberg et L.A. Jakobovits : *Semantics : an interdisciplinary reader in philosophy, linguistics and psychology*. Cambridge, Mass., Cambridge University Press, 1971, pp. 329-344.

bibliographie

LECOURT, Dominique : « Sur l'Archéologie du Savoir ». In *Pour une critique de l'épistémologie*, Paris, Maspero, 1972, pp. 98-133.

LECOURT, Dominique : *Une crise et son enjeu : essai sur la position de Lénine en philosophie*, Paris, Maspero, 1973.

LEEMAN, Danielle : « Distributionnalisme et structuralisme ». In *Langages*, 1973, 29, pp. 6-42.

LEEMAN, Danielle : « Les paraphrases ». In *Langages*, 1973, 29, pp. 43-54.

LÉNINE, V.I. : *Matérialisme et empiriocriticisme*, Moscou, Editions du Progrès, 1970.

LIGHTFOOT, D. : « Les présupposés dans la grammaire transformationnelle ». In *Problèmes de Sémantique*, Québec, Les Presses de l'Université de Québec, 1973.

McCAWLEY, James D. : « The role of semantics in grammar ». In E. Bach et R. Harms : *Universals in linguistic theory*, New-York - London, Holt, Rinehardt and Winston, 1969.

MILNER, Jean-Claude : *Arguments linguistiques*, Paris, Mame, 1973.

NORMAND, Claudine : « Propositions et notes en vue d'une lecture de Ferdinand de Saussure ». In *La Pensée*, 1970, 154, pp. 34-51.

PÊCHEUX, Michel : *Analyse automatique du discours*, Paris, Dunod, 1969.

PÊCHEUX, Michel : *Les vérités de La Palice*, Paris, Maspero, 1975.

PÊCHEUX, Michel et FICHANT, Michel : *Sur l'Histoire des sciences*, Paris, Maspero, 1969.

PIAGET, Jean : « Les problèmes principaux de l'épistémologie des mathématiques ». In *Logique et Connaissance scientifique*, sous la direction de J. PIAGET, Encyclopédie de La Pléiade, Paris, Gallimard, 1967.

RAYMOND, Pierre : *Le passage au matérialisme*, Paris, Maspéro, 1973.

ROUDINESCO, Elisabeth : *Un discours au réel*, Paris, Mame, 1973.

SAFOUAN, Mustafa : « De la structure en psychanalyse : contribution à une théorie du manque ». In O. DUCROT, T. TODOROV, D. SPERBER, M. SAFOUAN, F. WAHL : *Qu'est-ce que le structuralisme ?*, Paris, Le Seuil, 1968.

SAFOUAN, Mustafa : *Etudes sur l'Œdipe*, Le Seuil, 1974.

SAUSSURE, Ferdinand de : *Cours de Linguistique générale*, Paris, Payot, 1965.

SEARLE, John R. : *Speech Acts*. Cambridge, Mass., Cambridge University Press. Traduction française Hélène PAUCHARD : J.R. SEARLE, *Les actes de langage*, Paris, Hermann, 1972.

SEARLE, John R. : « Human communication theory and the philosophy of language ». In F.X. DANCE : *Human Communication Theory*. New-York, Holt, Rinehardt and Winston, 1967, pp. 116-129.

Scilicet 2/3, Paris, Le Seuil, 1970.

N.B. : Les éditions correspondent aux renvois dans le texte.

TABLE DES MATIERES

AVANT-PROPOS

La présupposition et la configuration épistémique de la linguistique..   1

I. — LE SUJET DANS LA LINGUISTIQUE
A propos de la présupposition

Introduction. — Deux perspectives théoriques, deux conceptions de la présupposition..   25

Chapitre I. — La présupposition dans la théorie de la grammaire..   29

Chapitre II. — De la présupposition logique à l'acte de langage..   42

Conclusion. — Enoncé, acte de langage, et présupposition : l'envers de la configuration épistémique de la linguistique..   81

II. — SUJET, LANGAGE ET SAVOIR. AUTOUR DE LA LINGUISTIQUE

Chapitre I. — La linguistique dans le champ et hors du champ de la complémentarité..   89

Le champ de la complémentarité..   89

La « machine logique » ou « l'automate combinatoire »..   94

Le « sujet de la science »..   97

Le bouquet renversé   103

Le « sujet du langage » et le « sujet multiple ».. ..   114

Chapitre II. — Le sujet et le signifiant.. 129
Pour conclure.. 163

NOTE SUR LA PRESUPPOSITON ET LE SENS LITTERAL par Oswald DUCROT... 169

Bibliographie.. 205

ACHEVÉ D'IMPRIMER
EN JUIN 1977
SUR LES PRESSES
DE L'IMPRIMERIE DU
CHAMP DE MARS
09700 SAVERDUN

Dépôt légal :
2e Trimestre 1977

No d'impression : 8359

LIBRARY OF DAVIDSON COLLEGE